北大版对外汉语教材·基础教程系列

风光汉语

初级听力 I

丛书主编　齐沪扬　张新明

吴　颖　蔡　瑱　编著

图书在版编目（CIP）数据

风光汉语·初级听力Ⅰ/吴颖，蔡瑱编著．—北京：北京大学出版社，2007.9
（北大版对外汉语教材·基础教程系列）
ISBN 978-7-301-12517-5

Ⅰ.风… Ⅱ.①吴… ②蔡… Ⅲ.汉语-听说教学-对外汉语教学-教材 Ⅳ.H195.4

中国版本图书馆CIP数据核字（2007）第103509号

书　　　　名：	风光汉语·初级听力Ⅰ
著作责任者：	吴颖　蔡瑱　编著
韩文翻译：	全后男
日文翻译：	铃木裕文
责任编辑：	邓晓霞　沈浦娜
标准书号：	ISBN 978-7-301-12517-5/H·1801
出版发行：	北京大学出版社
地　　　址：	北京市海淀区成府路205号　100871
网　　　址：	http://www.pup.cn
电子信箱：	zpup@pup.pku.edu.cn
电　　　话：	邮购部 62752015　发行部 62750672　出版部 62754962　编辑部 62752028
印　　刷　者：	北京大学印刷厂
经　　销　者：	新华书店

　　　　　　　787毫米×1092毫米　16开本　17.75印张　453千字
　　　　　　　2007年9月第1版　　2013年9月第3次印刷

印　　　数：5001—7000册
定　　　价：54.00元（全2册，附1张MP3）

未经许可，不得以任何方式复制或抄袭本书之部分或全部内容。
版权所有，侵权必究
举报电话：010-62752024　　电子信箱：fd@pup.pku.edu.cn

前　言

随着社会经济的发展，旅游日益成为人们生活中密不可分的重要部分。世界各地和中国都有着丰富的旅游资源，来中国旅游的外国游客数量逐年递增，中国公民的境外游人数也以惊人的速度上升。据世界旅游组织预测，到2020年，中国将成为世界上第一大旅游目的地国和第四大客源输出国。这种不断发展的新态势，促使日益兴旺的对外汉语教学事业需要朝着多元化的方向发展：不仅要满足更多的外国人学习汉语的需要，而且还要培养出精通汉语，知晓中国文化，并能够用汉语从事旅游业工作的专门人才。大型对外汉语系列教材《风光汉语》，正是为顺应这一新态势而编写的。

上海师范大学对外汉语学院设有HSK（旅游）研发办公室。作为国家级重点项目"汉语水平考试（旅游）"的研发单位，依靠学院自身强大的学科优势与科研力量，经过详尽的调查分析与严密的科学论证，制定出"HSK [旅游] 功能大纲"和"HSK [旅游] 常用词语表"，为编写《风光汉语》奠定了重要的基础。而学院四十多年的对外汉语教育历史和丰富的教学经验，以及众多专家教授的理论指导和精心策划，更是这套教材得以遵循语言学习规律，体现科学性和适用性的根本保证。

上海师范大学对外汉语学院2005年申报成功上海市重点学科"对外汉语"。在重点学科的建设过程中，我们深刻地认识到教材的编写与科学研究的支撑是分不开的。HSK（旅游）的研发为教材的编写提供了许多帮助，可以这么说，这套教材就是HSK（旅游）科研成果的转化形式。我们将这套教材列为重点学科中的科研项目，在编写过程中给予经费上的资助，从而使教材能够在规定的期限内得以完成。

从教材的规模上说，《风光汉语》是一套体系完整的对外汉语教材，共分26册。从教材的特点上说，主要体现在以下几个方面：

一、系统性

在纵向系列上，共分为六个等级：初级Ⅰ、初级Ⅱ；中级Ⅰ、中级Ⅱ；高级

Ⅰ、高级Ⅱ。各等级在话题内容、语言范围和言语技能的编排顺序上，是螺旋式循序渐进的。

在横向系列上，各等级均配有相互协调的听、说、读、写等教材。在中、高级阶段，还配有中国社会生活、中国文化等教材。

因此，这套教材既可用作学历制教育本科生的主干教材，也适用于不同汉语学习层次的长期语言生。

二、功能性

教材以"情景–功能–结构–文化"作为编写原则，课文的编排体例以功能带结构，并注重词汇、语法、功能项目由浅入深的有序渐进。

此外，在着重培养学生汉语听、说、读、写的基本技能，以及基本言语交际技能的前提下，突出与旅游相关的情景表现（如景区游览、组织旅游、旅游活动、饭店实务等），并注重其相关功能意念的表达（如主客观的表述、旅游社交活动的表达、交际策略的运用等），努力做到语言训练与旅游实务的有机统一。

三、现代性

在课文内容的编写方面，注重在交际情景话题的基础上，融入现代旅游文化的内容。同时，较为具体地介绍中国社会的各个侧面、中国文化的主要表现与重要特征，以使教材更具创新性、趣味性、实用性和现代感。

四、有控性

教材力求做到词汇量、语法点、功能项目分布上的均衡协调、相互衔接，并制定出了各等级的词汇、语法和功能项目的范围与数量：

● 词汇范围

初级Ⅰ、Ⅱ以汉语词汇等级大纲的甲级词（1033个）、部分乙级词和HSK（旅游）初级词语表（1083个）为主，词汇总量控制在1500—2000个之间。

中级Ⅰ、Ⅱ以汉语词汇等级大纲的乙级词（2018个）、部分丙级词和HSK（旅游）中级词语表（1209个）为主，词汇总量（涵盖初级Ⅰ、Ⅱ）控制在3500—4000个之间。

高级Ⅰ、Ⅱ以汉语词汇等级大纲的丙级词（2202个）、部分丁级词和HSK（旅游）高级词语表（860个）为主，词汇总量（涵盖初级Ⅰ、Ⅱ和中级Ⅰ、Ⅱ）控制在5500—6000个之间。

● 语法范围

初级Ⅰ、Ⅱ以汉语语法等级大纲的甲级语法大纲（129 项）为主。

中级Ⅰ、Ⅱ以汉语语法等级大纲的乙级语法大纲（123 项）为主。

高级Ⅰ、Ⅱ以汉语语法等级大纲的丙级语法大纲（400 点）为主。

● 功能范围

初级Ⅰ、Ⅱ以 HSK（旅游）初级功能大纲（110 项）为主。

中级Ⅰ、Ⅱ以 HSK（旅游）中级功能大纲（127 项）为主。

高级Ⅰ、Ⅱ以 HSK（旅游）高级功能大纲（72 项）为主。

此外，在语言技能的训练方面，各门课程虽各有侧重、各司其职，但在词汇、语法、功能的分布上却是相互匹配的。即听力课、口语课中的词汇、语法与功能项目范围，基本上都是围绕读写课（或阅读课）展开的。这样做，可有效地避免其他课程的教材中又出现不少新词语或新语法的问题，从而能在很大程度上减轻学生学习和记忆的负担。同时，这也保证了词汇、语法重现率的实现，并有利于学生精学多练。因此，这是一套既便于教师教学，也易于学生学习的系列性教材。

本教材在编写过程中，得到北京大学出版社的大力支持：沈浦娜老师为教材的策划、构架提出过许多中肯的意见，多位编辑老师在出版此教材的过程中，更是做了大量具体而细致的工作，在此谨致诚挚的谢意。这套教材在编写过程中，曾经面向学院师生征集过书名，说来也巧，当初以提出"风光汉语"中选并以此获奖的旷书文同学，被沈浦娜招致麾下，并成为她的得力干将，在这套教材出版联络过程中起到极大的作用。

最后要说明的是，本教材得到上海市重点学科建设项目资助，项目编号：T0405。

齐沪扬　张新明

说 明

《风光汉语·初级听力Ⅰ》是基础汉语听力教材，我们希望通过这册教材（共30课）的学习，学生能听懂日常生活、学习、旅游和工作等场合中的基础汉语，并能进行简单口头表达。

《风光汉语·初级听力Ⅰ》共30课，课文中出现的主要人物是：

金大永，男，韩国留学生；

芳子，女，日本留学生；

黄佳佳，女，印度尼西亚留学生；

哈利，男，美国留学生；

丽莎，女，法国留学生；

李阳，男，中国大学生；

唐华，男，汉语老师。

本书课文中，留学生们的活动场所主要是学校、宿舍、家庭、商店、餐厅（食堂）、宾馆（酒店）、运动场、银行、电影院、景点、车上、飞机上等。

本书课文中涉及的话题及活动主要是日常生活问候、介绍、时间、日期、学习、购物、交通、饮食、用餐、居住、气候、天气、习惯、爱好、约会、聚会、庆祝生日、请假、理发、交往、娱乐、旅游、拍照等，一般为学习者在实际生活中可能遇到的、需要完成的语言任务。

《风光汉语·初级听力Ⅰ》能让学生直接接触生活、旅游中的语言材料，并通过大量的听力练习，逐步提高基础汉语阶段的听力水平。在注重语音听力的同时，更强调在实用的、真实的场景和活动中练习听力，避免长时间枯燥的语音听力练习。

每课课文都围绕几个基础的语法点和功能项目，希望学生通过学习课文并完成后边的练习加以掌握并学会运用。教材练习形式多样、内容丰富、图文并茂。

本书的前6课主要是语音练习，从第7课开始每课仍然有一部分语音练习，但主要以听句子和段落为主。包括句子练习、课文（短文或对话）、泛听练习等。书中只列出主要生词，不求全，只求精，目的是避免学习者在生词上花过多精力，同时也训练学习者跨越个别生词的听的能力。全书每3课为1个单元，并附1个单元练习，全书一共10个单元。以每周4学时，两学时完成1课计算，基本上是一个学期完成这本教材。

在外语学习的听、说、读、写中，听力被排在第一位，"听"是交流的基础，我们相信，只有多听、多练习，才能提高听力水平，学好汉语。

对书中的疏漏和不足，敬请使用者提出宝贵意见。

编 者

目录

第 一 课	你好	1
第 二 课	我很好	4
第 三 课	办公室在哪儿	7

单元练习(一) 9

第 四 课	你身体好吗	11
第 五 课	他在那儿做作业	15
第 六 课	他最近很忙	18

单元练习(二) 20

第 七 课	这是我的老师	22
第 八 课	我在这儿等他	27
第 九 课	来我家玩儿吧	32

单元练习(三) 36

第 十 课	你可以坐43路公共汽车	38
第十一课	你周末去哪儿了	43
第十二课	你应该早点儿来	48

单元练习(四) 51

I

第十三课	你喝咖啡还是喝茶	52
第十四课	哈利去杭州旅游	56
第十五课	西湖很美	61

单元练习（五） 64

第十六课	可以借我用一下儿吗	66
第十七课	咱们去公园怎么样	70
第十八课	就要考试了	74

单元练习（六） 77

第十九课	学了两个月的汉语了	78
第二十课	别把手机放在桌子上	83
第二十一课	我是一点钟吃的药	88

单元练习（七） 91

第二十二课	我什么都不想吃	93
第二十三课	这菜做得真好吃	97
第二十四课	你看得懂吗	102

单元练习（八） 106

第二十五课	她把书都放在书架上	107
第二十六课	我把照片带来了	111
第二十七课	《旅游手册》被哈利借去了	115

单元练习（九） 119

第二十八课	除了丝绸以外，还有什么有名的	121
第二十九课	菜都让他吃光了	125
第三十课	我家乡的天气和上海差不多	129

单元练习（十） 132

总词汇表 134

Dì-yī kè 第一课

Nǐ hǎo 你好

韵母 Finals

(一) 跟读 Please read

```
a    o    e    er    i    u    ü
ā á ǎ à    ō ó ǒ ò    ē é ě è
ī í ǐ ì    ū ú ǔ ù    ǖ ǘ ǚ ǜ
ēr ér ěr èr
```

(二) 画出听到的韵母 Underline the finals you have heard

1. ā   ō
2. á   ē
3. ū   ǖ
4. ě   ǎ
5. ē   ī
6. ī   ǖ
7. ò   è
8. ǔ   ú

声母 Initials

(一) 跟读 Please read

```
b    p    m    f        d    t    n    l
bā bá bǎ bà              pō pó pǒ pò
dē dé dě dè              tī tí tǐ tì
nū nú nǔ nù              lǖ lǘ lǚ lǜ
```

注：凡出现 🎧 符号表示要到 MP3 里听本题录音文本。

(二) 画出听到的音节　Underline the syllables you have heard

1. bā pā   2. bó pó   3. dǔ tǔ   4. lǚ nǚ
5. dǐ nǐ   6. má ná   7. pù fù   8. dè tè

(三) 填声母　Fill in the blanks with proper initials

1. ___ā   2. ___ó   3. ___ǐ   4. ___é
5. ___ǔ   6. ___ǘ   7. ___ì   8. ___è

练习　Exercise

(一) 画出听到的音节　Underline the syllables you have heard

     2. t ← ā / ī / ū   3. l ← ū / ǖ / ē   4. f ← ō / ū / ā

(二) 在表中相应的位置写出听到的音节的序号

Put the numbers of the syllables you have heard in the proper places of the following chart

	a	o	e	i	u	ü
b						
p						
m						
f						
d						
t						
n						
l						

第 一 课　你　好

(三) 画出听到的音节，注意声调
Pay attention to tones and underline the syllables you have heard

1. bǐ　dǐ　tǐ　　　　2. pá　bú　pó

3. mú　fú　fó　　　　4. tè　tù　tì

5. lá　ná　má　　　　6. pǐ　bǔ　tǐ

(四) 填声调　Put the proper tone mark above each syllable

yu　　mi　　pa　　de

nü　　nu　　bo　　tu

四　你也能听懂　You can understand

1. ＿＿＿hǎo!　＿＿＿shì　＿＿＿gēge.

2. ＿＿＿hǎo!　＿＿＿shì　＿＿＿　＿＿＿.

Dì-èr kè
第二课

Wǒ hěn hǎo
我 很 好

韵母 Finals

（一）跟读 Please read

    ai   ei   ao   ou

    ia   ian   iang   iao   iou(-iu)

（二）辨别韵母 Distinguish finals

1. 画出听到的音节　Underline the syllables you have heard

    (1) kāo　kēi　kāi   (2) hóu　háo　hái   (3) gē　gēi　gēn

    (4) hēi　hē　hāi   (5) kě　kǎo　kǒu   (6) gēn　gān　gāi

    (7) jiāo　jiā　jiān   (8) qiāng　qiān　qiā

2. 填写韵母　Fill in the blanks with proper finals

    (1) h____   (2) h____   (3) ka____   (4) ka____

    (5) h____   (6) ga____   (7) g____   (8) g____

    (9) x____   (10) t____   (11) f____   (12) q____

第二课 我很好

二 声母 Initials

(一) 跟读 Please read

> g　k　h　j　q　x

(二) 填写声母 Fill in the blanks with proper initials

1. ____ei
2. ____an
3. ____u
4. ____ao
5. ____e
6. ____a
7. ____ai
8. ____ou
9. ____u
10. ____ia
11. ____u
12. ____iao
13. ____i
14. ____iang
15. ____u

(三) 在表中相应的位置写出听到的音节的序号

Put the numbers of the syllables you have heard in the proper places of the following chart

	ai	ei	ao	ou	ia	ian	iang	iao	iou
g									
k									
h									
j									
q									
x									

(四) 听写音节 Write down the syllables

1. ____
2. ____
3. ____
4. ____
5. ____
6. ____
7. ____
8. ____
9. ____
10. ____
11. ____
12. ____
13. ____
14. ____
15. ____
16. ____

三 声调 Tones

(一) 跟读 Please read

gāi	gái	gǎi	gài
hēi	héi	hěi	hèi
kōu	kóu	kǒu	kòu
jī	jí	jǐ	jì
xiāo	xiáo	xiǎo	xiào

Nǐ hǎo ma?

Wǒ hěn hǎo.

(二) 填写声调 Please put the proper tone mark above each syllables

(1) ken   (2) gai   (3) hai   (4) hao

(5) ni   (6) ye   (7) ma   (8) jiao

(9) hai hao   (10) hen hao   (11) hao kai   (12) gai gei

四 你也能听懂 You can understand

1. A：Nǐ zuìjìn hǎo ma?

   B：Wǒ_____hǎo. Nǐ ne?

   A：Wǒ_____hěn hǎo. Nǐ_____hǎo ma?

   B：_____kěyǐ. Xièxie.

2. A：Wǒ jiào _____. Nǐmen ne?

   B：Wǒ jiào _____, tā jiào _____.

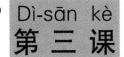

第三课 Dì-sān kè

Bàngōngshì zài nǎr
办公室 在 哪儿

韵母 Finals

(一) 跟读 Please read

ie　in　ing　iong

(二) 辨别韵母 Distinguish finals

1. 画出听到的音节 Underline the syllables you have heard

  (1) tiē　tī　tīng　　(2) miè　miàn　miào　　(3) liǎo　liě　liǎ

  (4) xīng　xiōng　xiē　(5) bīn　biē　biāo　　(6) pīn　piē　pīng

  (7) qiōng　qiē　qīn　(8) jiě　jiǒng　jǐng　　(9) xīng　xiōng　xiāo

2. 填写韵母 Fill in the blanks with proper finals

  (1) j___　　(2) l___　　(3) t___　　(4) b___

  (5) q___　　(6) x___　　(7) x___　　(8) p___

  (9) b___　　(10) x___　　(11) n___　　(12) d___

3. 在表中相应的位置写出听到的音节的序号
Put the numbers of the syllables you have heard in the proper places of the following chart

	ie	in	ing	iong	ian	iang	iu
b							
p							
m							
n							
l							
j							
q							
x							

你也能听懂　You can understand

1. A：Qǐngwèn，bàngōngshì zài_____?

   B：____ èr lóu. Nǐ shì_____ma?

   A：_____, wǒ shì xuésheng. _____shì lǎoshī ma?

   B：_____, wǒ shì zhèr de _____.

2. A：Nǐ_____ jiějie ma?

   B：Wǒ_____ jiějie. Wǒ_____ _____ _____ gēge.

单元练习（一）

一、画出听到的音节 Underline the syllables you have heard

1. kù gù	2. pō bō	3. nǚ lǚ
4. gā kā	5. rù lù	6. mǐ nǐ
7. jū jī	8. bò bù	9. qú xú
10. mǐn miě	11. pāo pōu	12. jīn jiā
13. nǎo nǎi	14. kāi kēi	15. gǎo gǒu
16. níng niú	17. cāo cāi	18. qià qiào
19. tài dài	20. xiào jiào	21. qiū xiū
22. lèi lài	23. pèi bèi	24. liào niào
25. jiā qiā	26. qiū jiū	27. jiè qiè
28. nóng lóng	29. qiǒng jiǒng	30. xīn qīn

二、填写声母 Fill in the blanks with proper initials

1. ___āi	2. ___āi	3. ___ēi
4. ___ān	5. ___iē	6. ___ōu
7. ___è___u	8. ___iǎo___uài	9. ___ù___ou
10. ___èi___é	11. ___ǔ___ì	12. ___ián___āo
13. ___iào___ua	14. ___ióng___en	15. ___í___iǔ
16. ___iāo___ài	17. ___iū___ià	18. ___íng___ai

三、填写韵母并标出声调 Fill in the blanks with proper finals and put the proper tone mark above each syllable

1. h___b___   2. d___l___   3. x___j___

4. h___x___   5. j___b___   6. j___d___

7. x___k___   8. h___l___   9. j___q___

10. h___p___   11. x___j___   12. h___h___

Dì-sì kè
第四课

Nǐ shēntǐ hǎo ma
你 身 体 好 吗

韵母 Finals

(一) 跟读 Please read

an en ang eng ong

(二) 辨别韵母 Distinguish finals

1. 画出听到的音节 Underline the syllables you have heard

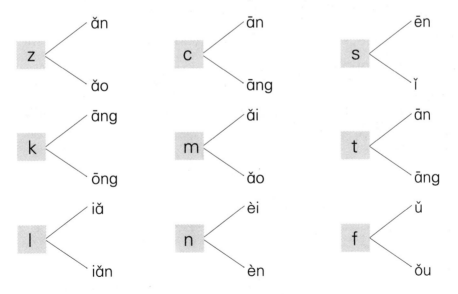

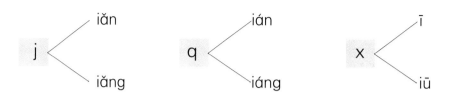

2. 填写韵母 Fill in the blanks with proper finals

(1) m____ (2) n____ (3) k____ (4) g____
(5) l____ (6) f____ (7) k____ (8) l____
(9) d____ (10) p____ (11) n____ (12) p____
(13) x____ (14) l____ (15) q____ (16) m____

二 声母 Initials

(一) 跟读 Please read

z　c　s

(二) 在表中相应的位置写出听到的音节的序号

Put the numbers of the syllables you have heard in the proper places of the following chart

	ai	ei	ao	ou	an	en	ang	eng	ong
z									
c									
s									
f									
d									
t									
n									
l									

第四课 你身体好吗

三 声调 Tones

(一) 跟读 Please read

dān	dán	dǎn	dàn
bēn	bén	běn	bèn
pāng	páng	pǎng	pàng
hōng	hóng	hǒng	hòng

Nǐmen hǎo !

Lǎoshī hǎo !

(二) 填写声调 Please put the proper tone mark above each syllable

1. kou   2. gao   3. hou   4. mao

5. nao   6. deng   7. xiu   8. tang

9. toupao   10. gougao   11. maoni

12. naohuo   13. douhao   14. heidong

15. jiaoqi   16. dongxi   17. xiaoqian

(三) 填写韵母并标出声调 Fill in the blanks with proper finals and put the proper tone mark above each syllable

1. f___j___   2. t___f___   3. g___d___

4. c___l___   5. t___f___   6. n___jiā

7. t___x___   8. l___j___   9. k___m___

四 音节 Syllables

(一) 画出听到的音节 Underline the syllables you have heard

1. gǎ gě
2. jǔ jǐ
3. bò bù
4. mén mán
5. pāo pōu
6. hěn hǎn
7. nào nài
8. lài lèi
9. gǎo gǒu
10. mán máng
11. cāng cōng
12. qiā qiāo
13. kù gù
14. pō bō
15. nǚ lǚ
16. gǎi kǎi
17. rù lù
18. mǐ nǐ
19. tài dài
20. xiāo jiāo
21. qiū xiū
22. kàn gàn
23. pèi bèi
24. liáng niáng
25. jiā qiā
26. qiū jiū
27. nóng lóng

(二) 听写音节 Write down the syllables

1. _____   2. _____   3. _____   4. _____
5. _____   6. _____   7. _____   8. _____
9. _____   10. _____   11. _____   12. _____

五 你也能听懂 You can understand

1. A：Nǐ _____ hǎo.

   B：_____ shī hǎo.

2. A：Nǐmen _____ hǎo ma?

   B：Wǒmen dōu _____ hǎo.

3. A：Nǐ shēntǐ hǎo ma?

   B：Wǒ shēntǐ hái _____. Nǐ ne?

   A：Wǒ bú _____ hǎo.

第五课 Dì-wǔ kè

Tā zài nàr zuò zuòyè
他在那儿做作业

一、韵母 Finals

(一) 跟读 Please read

| ua | uo | uai |
| uei(-ui) | uen(-un) | uang | ueng |

(二) 辨别韵母 Distinguish finals

1. 画出听到的音节 Underline the syllables you have heard

   (1) zhuā zhuō zhōu   (2) ruì rùn ruò   (3) guàng gùn guì

   (4) wèn wèng wèi   (5) shuāi shuā shuō   (6) chūn chuī chuāng

2. 填写韵母 Fill in the blanks with proper finals

   (1) zh____   (2) ch____   (3) k____   (4) r____

   (5) sh____   (6) h____   (7) z____   (8) sh____

二 声母 Initials

(一) 跟读 Please read

zh　ch　sh　r

(二) 填写声母 Fill in the blanks with proper initials

1. ___ā　　2. ___ē　　3. ___ě　　4. ___ì
5. ___ān　6. ___āng　7. ___ù___ù　8. ___ōng___ǐ
9. ___èn___i　10. ___āo___ǎng　11. ___ǎo___ù
12. ___óu___én　13. ___ǐ___ì　14. ___ī___ì

三 音节 Syllables

(一) 跟读 Please read

zhuā	zhuō	zhuāi	zhuì	zhǔn	zhuàng
shuā	shuō	shuāi	shuì	shùn	shuāng
ruò	ruì	rùn	chuō	chuāi	chuāng

(二) 在表中相应的位置写出听到的音节的序号 Put the numbers of the syllables you have heard in the proper places of the following chart

	ua	uo	uai	uei(-ui)	uen(-un)	uang	ueng
zh							
ch							
sh							
r							

第五课　他在那儿做作业

(三) 辨音（和听到的音节一样的画"√"，不一样的画"✗"）
Syllables differentiation: Put a "√" in the brackets wherever the syllables agree with what you have heard and "✗" wherever it does not

1. zūnjìng   (   )   2. zhuāngjia   (   )
3. cúnzhé   (   )   4. chuāngshāng   (   )
5. kuòchuò   (   )   6. huòshuǐ   (   )
7. chuānqí   (   )   8. huáihèn   (   )
9. zhǐshì   (   )   10. yúdùn   (   )
11. wǎngzhǐ   (   )   12. huánghuār   (   )

四　声调　Tones

填写声调　Please put the proper tone mark above each syllable

1. wennuan   2. zhuobu   3. shuijiao   4. wenhua
5. shuigang   6. ruanruo   7. chuangzao   8. chuntian

五　你也能听懂　You can understand

Tā_____zài_____lóu(building). Tā_____tā xǐhuan(like)_____lóu.

Tā xǐhuan(like)zài_____ _____zuòyè.

第六课 Dì-liù kè

他最近很忙 Tā zuìjìn hěn máng

一 韵母 Finals

（一）跟读 Please read

üe(ue)   üan(uan)   ün(un)

（二）辨别韵母 Distinguish finals

1. 画出听到的音节 Underline the syllables you have heard

j — iè / üè(uè)

x — üé(ué) / üán(uán)

q — ǘn(ún) / üán(uán)

l — uàn / üè(uè)

j — ǖn(ūn) / ǖan(ūan)

n — üè(uè) / iè

2. 填写韵母 Fill in the blanks with proper finals

(1) x___   (2) n___   (3) j___   (4) q___

(5) y___   (6) n___   (7) z___   (8) l___

(9) d___   (10) t___   (11) h___   (12) ch___

第六课 他最近很忙

3. 在表中相应的位置写出听到的音节的序号 Put the numbers of the syllables you have heard in the proper places of the following chart

	üe(ue)	üan(uan)	ün(un)
j			
q			
x			
n			
l			

二 声调 Tones

(一) 填写声调 Please put the proper tone mark above each syllable

1. xueyuan   2. yuehui   3. baiyun   4. yuanyue
5. yueguang   6. nüedai   7. quesun   8. hulüe

(二) 给句子填声调，然后朗读
Put the proper tone mark above each syllable and read aloud

1. Women shi Duiwai Hanyu Xueyuan de liuxuesheng.
2. Shengdan Jie de shihou, wo hen xiang jia.
3. Ta zuijin hen mang, meiyou kongr qu gongyuan wanr.

三 听句子，口头回答问题
Listen to the sentences and answer the questions orally

1.   2.   3.

单元练习（二）

一、把听到的音节的声母和韵母用直线连起来 Match the initials with the finals to form the syllables you have heard

sh	an
zh	ue
ch	uang
r	uo
j	ou
z	ing
g	uan
q	ei
y	u
c	iao

二、画出听到的音节 Underline the syllables you have heard

1. zū   cū
2. chā   shā
3. nüè   lüè
4. yuè   yuàn
5. guā   kuā
6. mǐ   nǐ
7. juè   jiè
8. guì   gùn
9. qún   xún
10. zhuāi   zhuō
11. pān   pēn
12. chuāng   shuāng
13. zhuā   shuā
14. ruì   rùn
15. gān   gāng
16. xìng   xìn
17. chuāi   chuāng
18. dùn   duì
19. zài   cài
20. lǐ   nǐ
21. tēng   dēng
22. bànlǐ   bànlǜ
23. róngyì   róngyù
24. dìdào   dìdao

25. jíbié qūbié   26. jiāoqì jiāoqī   27. láidiàn léidiàn

28. dōngxī dōngxi   29. qīngjìng qīnjìn   30. qiézi quézi

三、填写声母　Fill in the blanks with proper initials

1. ___ai   2. ___ue   3. ___en

4. ___an   5. ___ai   6. ___ei

7. ___ù___á   8. ___óu___en   9. ___éng___án

10. ___uā___á   11. ___ǔ___i   12. ___uái___iàn

四、填写韵母并标出声调　Fill in the blanks with proper finals and put the proper tone mark above each syllable

1. d___t___   2. z___zh___   3. c___sh___

4. g___g___   5. p___b___   6. j___d___

7. x___d___   8. r___y___   9. j___q___

10. j___j___   11. q___zh___   12. h___h___

第七课 Dì-qī kè

这是我的老师 Zhè shì wǒ de lǎoshī

语音练习 Yǔyīn liànxí

一、划出听到的音节 Underline the syllables you have heard

1. shāngdiàn shāngdìng
2. shūjià shǔjià
3. jíqí jījí
4. méiyǒu mǎiyóu
5. shīfàn chīfàn
6. jiàoshī jiàoshì
7. xuéxí quēxí
8. dàjiā dǎjià

二、听写音节 Write down the syllables

1. _____ 2. _____ 3. _____ 4. _____

5. A：Nǐmen de _____ shì _____？

   B：Wǒmen de _____ _____ Táng Huá.

第七课　这是我的老师

句子练习　Jùzi liànxí

一、跟读，注意句子的语音、语调　Listen and imitate, pay attention to the phonetics and tones

1. 你看，这是我的老师。
   你看，这是我的爸爸。
   你看，这是我的妹妹。

2. A：你是哪国人？　B：我是韩国人。
   A：你是哪国人？　B：我是日本人。
   A：你是哪国人？　B：我是美国人。

3. 他不是学生，他是老师。
   他不是老师，他是司机。
   他不是司机，他是工人。

4. A：办公室在哪儿？　B：在五号楼。
   A：餐厅在哪儿？　B：在七号楼。
   A：火车站在哪儿？　B：在那儿。

5. A：你去哪儿？　B：我去小卖部。
   A：你去哪儿？　B：我去火车站。
   A：你去哪儿？　B：我去教室。

二、听句子，从A、B两句中选出恰当的回答　Listen to the sentence, then choose the proper answer

1. A. B.　　2. A. B.　　3. A. B.　　4. A. B.　　5. A. B.
6. A. B.　　7. A. B.　　8. A. B.　　9. A. B.　　10. A. B.

课文一　Kèwén yī

词语　Vocabulary

| 北京 | Běijīng | Beijing | 북경 | 北京 |

| 上海 | Shànghǎi | Shanghai | 상해 | 上海 |
| 白 | Bái | family name | 백씨(성) | 白さん(姓) |

练习 Exercise

(一) 听两遍课文辨别对错 Listen twice, then identify the right and the wrong statements

1. (   )   2. (   )   3. (   )   4. (   )   5. (   )

(二) 再听一遍，根据课文内容填空（可写拼音） Listen again, then fill in the the blanks according to the text (write phonetics)

金大永的_____老师是唐老师，他是_____人。他的听力老师是_____。丽莎_____他。

课文二 Kèwén èr

词语 Vocabulary

校区	xiàoqū	（名）	campus	(다학의)교정	キャンパス
部	bù	（名）	part, section	부	部
宿舍楼	sùshèlóu	（名）	dorm building	기숙사건물	宿舍

第七课　这是我的老师

二　练习　Exercise

（一）根据课文内容把左边和右边的词语用直线连起来 Listen and match the words in left and right columns to make expressions in the text

1 个　　　　校　区
2 个　　　　食　堂
2 个　　　　图书馆
4 个　　　　留学生宿舍楼

（二）听课文口头回答问题 Listen and answer the questions orally

1.　　2.　　3.　　4.

泛听练习　Fàntīng liànxí

一、听和练　Listen and practice

zǎo qǐ zuòzuo cāo
早 起 做做 操，　　Exercises early in the morning,

yì tiān jīngshén hǎo
一 天　精神　好。　Will make you full of vigor the whole day.

二、听两遍短文，边听边填空 Listen twice and fill in the blanks while listening

哈利家有_____口人：爸爸、_____、姐姐和他。他的_____是老师。

芳子也是_____，她家有_____口人：爷爷、奶奶、爸爸、_____和她。她的弟弟都是_____。

李阳是中国人。他还是学生。他家_____有三口人：爸爸、妈妈和他。他_____姐姐，也没有_____。

三、听两遍短文，边听边填表（在适当的格内填"√"） Listen twice and fill in the form: mark a "√" in the proper blank

名字 Míngzi	Shànghǎi Rén	Běijīng Rén	Guǎngzhōu Rén	xuésheng	lǎoshī	dǎoyóu
唐 华 Táng Huá						
李 阳 Lǐ Yáng						
王 欣 Wáng Xīn						

Dì-bā kè
第八课

Wǒ zài zhèr děng tā
我在这儿等他

语音练习　　Yǔyīn liànxí

一、听写音节　Write down the syllables

1._____　　3._____　　5._____　　7._____

2._____　　4._____　　6._____　　8._____

A：Nǐ kěyǐ zuò （9._____）, dào （10._____）guǎngchǎng xià chē.

B：Xièxie.

二、写出听到的音节　Write down the syllables you have heard

1._____；2._____；3._____；4._____；5._____

句子练习　　Jùzi liànxí

一、跟读，注意句子的语音、语调 Listen and imitate, pay attention to the phonetics and tones

1. 我们要去看电影。你去不去？
   我要去买邮票。你们去不去？
   他们要去体育馆。你去不去？

2. 你喝不喝茶？
   你买不买这本书？
   你看不看电影？

3. A：最近忙吗？ B：不太忙。　　4. 今天去我宿舍玩儿吧。
   A：最近热吗？ B：不太热。　　　明天去电影院看电影吧。
   A：最近累吗？ B：不太累。　　　周末去体育馆打球吧。

5. 我想去上海博物馆，你知道怎么走吗？
   我想去福州路书城，你知道怎么去吗？
   我想吃这个菜，你知道怎么吃吗？

二、听句子，从A、B两句中选出恰当的回答　Listen to the sentence, then choose the proper answer

1. A． B．　　2. A． B．　　3. A． B．　　4. A． B．　　5. A． B．
6. A． B．　　7. A． B．　　8. A． B．　　9. A． B．　　10. A． B．

课文一　Kèwén yī

词语　Vocabulary

| 等 | děng | （动） | wait | 기다리다 | 待つ |
| 不过 | búguò | （连） | but | 그러나 | しかし |

练习　Exercise

（一）听两遍课文辨别对错　Listen twice, then identify the right and the wrong statements

1. (　　)　2. (　　)　3. (　　)　4. (　　)　5. (　　)

第八课 我在这儿等他

(二) 再听一遍,根据课文内容填空(可写拼音) Listen again, then fill in the the blanks according to the text (write phonetics)

丽莎去_____号房间_____金大永。金大永_____。丽莎在房间里_____他。哈利请他_____,不过她_____喝。

课文二　　Kèwén èr

词语　Vocabulary

徐家汇	Xújiāhuì		a commercial centre	서가회 (지영)	徐家匯 (地名)
博物馆	bówùguǎn	(名)	museum; repository	박물관	博物館
地铁	dìtiě	(名)	subway	지하철	地下鉄
旁边	pángbiān	(名)	side; near by	옆,근처	そば、隣り
车站	chēzhàn	(名)	bus stop	버스정류장	駅

练习　Exercise

(一) 根据课文内容把左边和右边的词语用直线连起来
Listen and match the words in left and right columns to make expressions in the text

博物馆　　　　　　地铁
徐家汇　　　　　　骑自行车
中山西路　　　　　公共汽车

(二) 听课文口头回答问题　　Listen and answer the questions orally

1.　　2.　　3.　　4.　　5.

一、听和练　Listen and practice

shào zhuàng bù nǔlì
少　壮　不　努力，　If a person doesn't study hard in childhood,

lǎo dà tú shāngbēi
老大徒伤悲。　he only can be sad in his old age.

二、听两遍短文，边听边填表　Listen twice and fill in the form

名字	牌价(páijià)	外币(wàibì)	人民币(rénmínbì)
哈利	100 美元 → ____ 人民币 měiyuán　　rénmínbì	____ 美元 měiyuán	____ 元 yuán
金大永	1000 韩元 → ____ 人民币 hányuán　　rénmínbì	____ 韩元 hányuán	____ 元 yuán

第八课　我在这儿等他

三、听对话，在图上画出他们走的路线
Listen to the dialogue and mark out their itinerary on the map

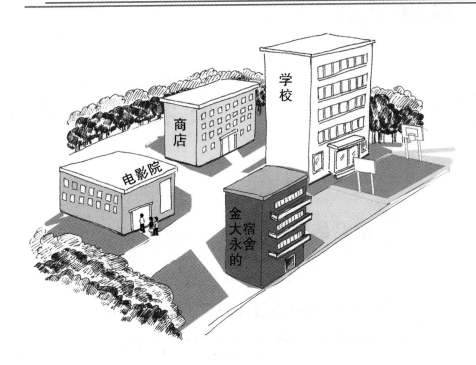

第九课 Dì-jiǔ kè

来我家玩儿吧 Lái wǒ jiā wánr ba

语音练习 Yǔyīn liànxí

一、把听到的词语的两个音节用直线连起来 Listen and match the words in left and right columns to make expressions you have heard

zuì	wén
yǒu	mǎ
hào	diǎn
yí	shè
sù	zhǒng
cí	kòngr
nǎ	jìn
dì	kuàir
huí	jiā
Yīng	tú

第九课　来我家玩儿吧

二、听写句子，然后朗读　Write down the sentences, then read aloud

1. _____ _____ _____ ?
2. _____ _____ _____ _____ .
3. _____ _____ _____ _____ _____ .

句子练习　Jùzi liànxí

一、跟读，注意句子的语音、语调　Listen and imitate, pay attention to the phonetics and tones

1. 今天有空儿吗？
   明天有空儿吗？
   明天有事儿吗？

2. 我们一块儿回家。
   我们一块儿去医院。
   我们一块儿打球。

3. 来我家玩儿吧！
   来我的宿舍学习吧！
   去教室上课吧！

4. A：你买什么？　　B：我买本子和铅笔。
   A：你要什么？　　B：我要课本。
   A：你要买什么？　B：我要买地图。

5. 这种二十一块七一本。
   这种七块一一个。
   那种两百三十五一件。

二、听句子，从A、B两句中选出恰当的回答　Listen to the sentence, then choose the proper answer

1. A.　B.　　　2. A.　B.　　　3. A.　B.
4. A.　B.　　　5. A.　B.　　　6. A.　B.

课文一　Kèwén yī

词语　Vocabulary

| 最近 | zuìjìn | （名） | recently | 최근 | 最近 |
| 空儿 | kòngr | （名） | spare time | 여유 | 暇 |

练习　Exercise

（一）听两遍课文辨别对错　Listen twice, then identify the right and the wrong statements

1. （　）　2. （　）　3. （　）　4. （　）　5. （　）

（二）再听一遍，根据课文内容填空（可写拼音）　Listen again, then fill in the the blanks according to the text（write phonetics）

哈利_____留学生_____，_____房间。手机号码是_____。

哈利最近_____，李阳给他_____。李阳请哈利去_____玩儿。

课文二　Kèwén èr

词语　Vocabulary

| 售货员 | shòuhuòyuán | （名） | shop assistant | 서점,책방 | 店員 |

第九课　来我家玩儿吧

词典	cídiǎn	（名）	dictionary	사전	辞書
地图	dìtú	（名）	map	지도	地図
书店	shūdiàn	（名）	bookstore	소매점	書店、本屋
告诉	gàosu	（动）	tell	말하다 알리다	告げる、知らせる

练习 Exercise

（一）听两遍课文，选择正确答案 Listen twice and choose the correct answers

1. A.　B.　　2. A.　B.　　3. A.　B.　　4. A.　B.　　5. A.　B.

（二）再听一遍，根据课文内容填空（可写拼音） Listen again, then fill in the the blanks according to the text（write phonetics）

芳子要_____词典和地图。她先_____了书店，_____了一本_____词典。她还想买_____地图。书店里_____。售货员_____她，_____有。

单元练习（三）

一、听一遍短文，回答问题 Listen to the short passage once and answer the questions

（一）问：我的姐姐是做什么的？
答：姐姐是_____。

（二）问：哈利每天在几号房间学上海话？
答：哈利每天在_____号房间学上海话。

（三）问：玛丽买了几种东西？一共多少钱？
答：玛丽买了_____种东西，一共_____钱。

二、听两遍对话，听后回答问题 Listen twice and answer the questions

（一）根据听到的问题，选择恰当的图 Choose the pictures according to the questions

1.　A.　　　　　B.　　　　　C.　　　　　D.

(二) 听短文，说出与上面听到的短文不一样的地方 listen to the short passage and tell differences from the text you just have heard

第十课 Dì-shí kè

你可以坐43路公共汽车
Nǐ kěyǐ zuò sìshísān lù gōnggòng qìchē

句子练习 Jùzi liànxí

一、跟读，注意句子的语音、语调 Listen and imitate, pay attention to the phonetics and tones

1. 去桂林公园怎么走？
   去博物馆怎么走？
   去人民广场怎么走？

2. 你可以坐43路公共汽车。
   你可以坐地铁。
   你可以坐出租汽车。

3. 车站对面就是桂林公园。
   博物馆旁边就是大剧院。
   学校右边就是医院。

4. 我们先在这儿买毛巾，再去楼上吧！
   我们先在这儿买东西，再去楼下吧！
   我们先在这儿吃晚饭，再去看电影吧！

5. 你往前走50米，往右拐，那儿有商店。
   你往后走100米，往左拐，那儿有小卖部。
   你一直往前走，到前面路口，往右拐，那儿有车站。

第十课 你可以坐43路公共汽车

二、听句子，从A、B两句中选出恰当的回答 Listen to the sentence, then choose the proper answer

1. A. B.　　2. A. B.　　3. A. B.　　4. A. B.　　5. A. B.
6. A. B.　　7. A. B.　　8. A. B.　　9. A. B.　　10. A. B.

课文一　Kèwén yī

一　词语　Vocabulary

路	lù	（量）	route	길	道、道路
一直	yìzhí	（副）	straight	방향을 바꾸다	まっすぐ
往	wǎng	（介）	toward	～향해	～に向かってって
拐	guǎi	（动）	to turn	계속, 똑바로	曲がる

二　练习　Exercise

（一）听两遍课文辨别对错　Listen twice, then identify the right and the wrong statements

1. (　　)　　2. (　　)　　3. (　　)
4. (　　)　　5. (　　)　　6. (　　)

(二) 再听一遍，根据课文内容填空 Listen again, then fill in the the blanks according to the text

女的想_____桂林公园，她不知道_____去。男的_____她可以坐_____路公共汽车，在_____站下车。车站_____就是桂林公园。

从这儿一直往_____走，到前面_____，往_____拐，就有_____路汽车站。

课文二 Kèwén èr

一 词语 Vocabulary

层	céng	（量）	storey	층	階
毛巾	máojīn	（名）	towel	수건	タオル
牛奶	niúnǎi	（名）	milk	우유	牛乳
面包	miànbāo	（名）	bread	빵	パン
饮料	yǐnliào	（名）	drink	음료수	飲み物
先……再	xiān…zài	（连）	first...then	우선…그런후에	まず…それから

二 练习 Exercise

(一) 听两遍课文，选择正确答案 Listen twice and choose the correct answers

1. A.　　B.　　　　　2. A.　　B.　　C.　　　　3. A.　　B.　　C.
4. A.　　B.　　C.　　　5. A.　　B.　　C.　　　　6. A.　　B.　　C.

第十课 你可以坐43路公共汽车

（二）再听一遍课文，口头回答问题 Listen again and answer the questions orally

1.   2.   3.   4.

（三）听短文，说出与刚才听到的课文不一样的地方 Listen to the short passage and tell differences from the text you just have heard

泛听练习　Fàntīng liànxí

一、听和练　Listen and practice

guāngyīn hǎobǐ hé zhōng shuǐ
光阴　好比　河　中　水，　Time is like running water,

zhǐnéng liú qù bù néng huí
只能　流去　不能　回。　It flows away and never return.

二、听两遍短文，根据内容填图　Listen twice and fill in the picture

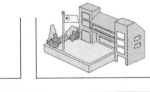

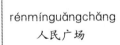

人民广场
rénmínguǎngchǎng

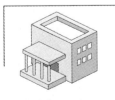
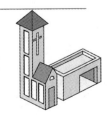

北 ↑
→ 东

41

三、听两遍短文，边听边填表 Listen twice and fill in the form

名字	买的东西	数量	多少钱
金大永			
芳子			

Dì-shíyī kè
第十一课

Nǐ zhōumò qù nǎr le
你 周末 去 哪儿 了

句子练习　Jùzi liànxí

一、跟读，注意句子的语音、语调　Listen and imitate, pay attention to the phonetics and tones

1. 他请我们在一家餐馆吃饭。
   老师请我们在咖啡馆喝咖啡。
   李阳请同学们在电影院看电影。

2. 我们在学校门口见面。
   他们在我的宿舍见面。
   玛丽和丽莎在商场见面。

3. 李阳喜欢运动。
   唐老师喜欢打篮球。
   金大永喜欢一个人打篮球。

4. 我星期六去豫园了。
   他这个周末去南京路了。
   我们昨天上体育馆了。

5. 你打算去哪儿吃？
   她打算什么时候买？
   唐老师打算怎么去图书馆？

二、听句子，从A、B两句中选出恰当的回答　Listen to the sentence, then choose the proper answer

1. A．　B．　2. A．　B．　3. A．　B．　4. A．　B．　5. A．　B．
6. A．　B．　7. A．　B．　8. A．　B．　9. A．　B．　10. A．　B．

词语　Vocabulary

| 周末 | zhōumò | （名） | weekend | 주말 | 週末 |
| 浦东 | Pǔdōng | | Pudong | 포동(지명) | 浦東(地名) |

练习　Exercise

（一）听两遍课文辨别对错　Listen twice, then identify the right and the wrong statements

1. (　　)　　2. (　　)　　3. (　　)
4. (　　)　　5. (　　)　　6. (　　)

（二）再听一遍，根据课文内容填空　Listen again, then fill in the the blanks according to the text

1. 问：谁请金大永和芳子去家里做客？

答：＿＿＿＿＿＿＿＿＿＿＿＿＿＿＿＿＿＿。

第十一课　你周末去哪儿了

2. 问：这个星期六，金大永和芳子在哪儿见面？

   答：在_____见面。

3. 问：金大永和芳子怎么去唐老师家？

   答：他们先_____，再换_____。

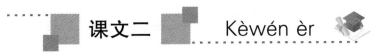

一　词语　Vocabulary

豫园	Yùyuán		Yuyuan Park	예련(지명)	豫園(観光地)
外滩	Wàitān		the Bund	외탄(지명)	外灘(観光地)
蛋糕	dàngāo	（名）	cake	케잌	ケーキ
礼物	lǐwù	（名）	gift; present	선물	プレゼント

二　练习　Exercise

(一) 听两遍课文，选择正确答案　Listen twice and choose the correct answers

1. A.　B.　　　2. A.　B.　　　3. A.　B.

4. A.　B.　　　5. A.　B.　　　6. A.　B.

(二) 听短文，说出与刚才听到的课文不一样的地方　Listen to the short passage and tell differences from the text you just have heard

一、听和练 Listen and practice

fàn hòu bǎi bù zǒu
饭 后 百 步 走，   Taking a walk after meals,

huó dào jiǔshíjiǔ
活 到 九十九。   Will help you live a long life.

二、听两遍短文，根据听到的内容在图上用"→"画出路线 Listen twice and underline the itinerary with "→" in the picture

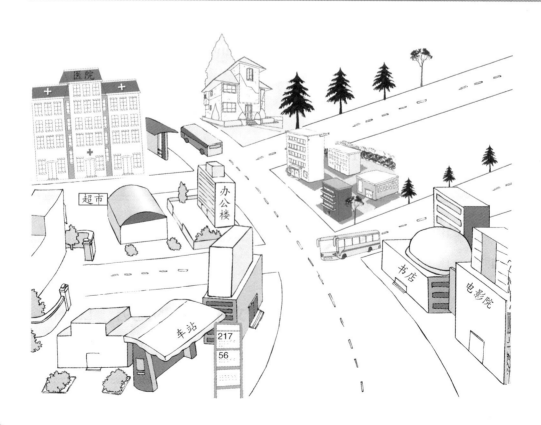

第十一课　你周末去哪儿了

三、听两遍短文，听后根据听到的顺序写序号
Listen twice and sequence the events by writing the numbers in the brackets according to the text

(　　) 买中国画

(　　) 去书店买书

(　　) 去花店买花

(　　) 在饭店吃晚饭

(　　) 吃完饭去商场

(　　) 今天下午没有课

第十二课 Dì-shí'èr kè

你应该早点儿来 Nǐ yīnggāi zǎo diǎnr lái

句子练习 Jùzi liànxí

一、跟读，注意句子的语音、语调 Listen and imitate, pay attention to the phonetics and tones

1. 你昨天怎么没来上课？
   他早上怎么不吃早饭？
   你昨天怎么不请假？

2. 你应该请假啊！
   你应该吃饭啊！
   他应该早点儿起床啊！

3. 明天我能来上课。
   明天我能一个人去医院。
   他能用筷子吃饭。

4. 你能不能放假的时候去？
   你能不能星期天去？
   他能不能晚一点儿来？

5. 以后我一定早点儿请假。
   以后我们一定每天来上课。
   明天他们一定交作业。

第十二课 你应该早点儿来

二、听句子，从 A、B 两句中选出恰当的回答 Listen to the sentence, then choose the proper answer

1. A.　B.　　　2. A.　B.　　　3. A.　B.
4. A.　B.　　　5. A.　B.　　　6. A.　B.

课文一　Kèwén yī

词语　Vocabulary

舒服	shūfu	（形）	comfortable	편안하다	体調（気持ち）がよい
肚子	dùzi	（名）	stomacho	배	おなか
疼	téng	（动）	ache;hurt	아프다	痛い
发烧	fā shāo	（动）	have a fever	열이나다	熱がある
医院	yīyuàn	（名）	hospital	병원	病院
请假	qǐng jià	（动）	ask for leave	휴가를 신청하다	休みを取る

练习　Exercise

（一）听两遍课文辨别对错 Listen twice, then identify the right and the wrong statements

1. (　)　　2. (　)　　3. (　)　　4. (　)
5. (　)　　6 (　)　　7. (　)

（二）再听一遍，根据课文内容填空 Listen again, then fill in the the blanks according to the text

哈利今天早上_____吃_____饭。他_____了，头疼、_____疼。金大永说他_____去医院。哈利没有_____，因为他_____给唐老师，唐老师_____。金大永说_____他请假。

课文二 Kèwén èr

词语 Vocabulary

迟到	chídào	（动）	be late	늦다	遅刻する
送	sòng	（动）	send;take	바래다주다 배웅하다	連れて（行く）
继续	jìxù	（动）	continue	계속하다	継続する、引き続き

练习 Exercise

（一）听两遍课文，选择正确答案 Listen twice and choose the correct answers

1. A. B.   2. A. B.   3. A. B.
4. A. B.   5. A. B.

（二）再听一遍，复述课文内容 Listen again and try to retell the main content

单元练习（四）

一、听一遍短文，回答问题 Listen and answer the questions

（一）问：现在"我"为什么不吃冰淇淋了？

答：因为_____。

（二）问：哈利要去哪儿？

答：哈利要去_____。

（三）问：今天晚上"我"要做什么？

答：今天晚上"我"要_____。

二、听两遍对话，听后回答问题 Listen twice and answer the questions

1. 他们在哪儿见面？
2. 哈利为什么胖了？
3. 洋子喜欢吃什么？
4. 洋子打算去哪儿？谁当导游？
5. 哈利能请假吗？请假了没有？
6. 老师为什么觉得是一个很好的机会？
7. 老师觉得哈利的汉语怎么样？
8. 他们现在先去哪儿？怎么去？

三、听短文，说出与刚才听到的短文不一样的地方 Listen to the short passage and tell differences from the text you just have heard

第十三课 Dì-shísān kè

Nǐ hē kāfēi háishi hē chá
你喝咖啡 还是 喝茶

句子练习　Jùzi liànxí

一、跟读，注意句子的语音、语调　Listen and imitate, pay attention to the phonetics and tones

1. 他是韩国人还是日本人？
   他是老师还是学生？
   他是老人还是孩子？

2. 你喜欢打篮球还是踢足球？
   你喜欢吃中餐还是吃西餐？
   你喜欢南方还是北方？

3. 我去操场或者回宿舍，不去图书馆。
   我坐地铁或者公共汽车，不打的。
   我买牛奶或者水果，不买面包。

4. 因为累了，所以休息一下。
   因为太远了，所以坐车去。
   因为今天天气不好，所以我明天去。

5. 有的人去杭州，有的人去苏州。
   有的同学在写字，有的同学在读课文。
   有的东西贵，有的东西便宜。

第十三课 你喝咖啡还是喝茶

二、听问题，从A、B两句中选出恰当的回答 Listen to the question, then choose the proper answer

1. A.　B.　　　　2. A.　B.　　　　3. A.　B.
4. A.　B.　　　　5. A.　B.　　　　6. A.　B.

课文一　　Kèwén yī

词语 Vocabulary

动物园	dòngwùyuán	（名）	zoo	동물원	動物園
最好	zuìhǎo	（副）	had better	제일좋은	最も良い、~したほうがよい
骑	qí	（动）	ride	타다	乗る
自行车	zìxíngchē	（名）	bicycle; bike	자전거	自転車
公共汽车	gōnggòng qìchē		bus	버스	バス

练习 Exercise

听两遍课文辨别对错 Listen twice, then identify the right and the wrong statements

1. (　　)　　2. (　　)　　3. (　　)
4. (　　)　　5. (　　)

53

课文二　Kèwén èr

📝 词语　Vocabulary

咖啡	kāfēi	（名）	coffee	커피	コーヒー
茶	chá	（名）	tea	차	お茶
苏州	Sūzhōu		Suzhou	조주(지명)	蘇州(地名)
杭州	Hángzhōu		Hangzhou	항주(지명)	杭州(地名)
觉得	juéde	（动）	feel	~다고노까라,생쌍다	~だと思う
西湖	Xīhú		the West Lake	서호(지명)	西湖(地名)
散步	sàn bù	（动）	take a walk	산책하다	散步する
有意思	yǒu yìsi		interesting	재미있다	面白い
园林	yuánlín	（名）	gardens; park	(소주)자연딩	園林(蘇州·庭園群の総称)
有名	yǒumíng	（形）	well-known; famous	유명하다	有名な

📝 练习　Exercise

听两遍课文口头回答问题　Listen twice and answer the questions orally 🎧

1.　　2.　　3.　　4.　　5.　　6.　　7.

第十三课　你喝咖啡还是喝茶

泛听练习　Fàntīng liànxí

一、听和练　Listen and practice

　　yì nián zhī jì zài yú chūn
　　一年之计在于春，

　　yí rì zhī jì zài yú chén
　　一日之计在于晨。

The whole year's work depends on a good start in spring,

The whole day's work depends on a good start in the morning.

二、听两遍短文，边听边填空　Listen twice and fill in the blanks while listening

　　金大永的朋友下星期_____来上海。这是他朋友第_____次来上海。金大永想陪他去上海_____地方，还要带他去苏州和杭州_____。金大永去过_____，没有去过_____。他听说苏州的园林很有名。他朋友喜欢吃_____，金大永还要请他吃_____中国菜。

三、听两遍短文，说出主要内容　Listen to the text twice, and tell the main idea of the text

Dì-shísì kè
第十四课

Hālì qù Hángzhōu lǚyóu
哈利去杭州旅游

句子练习 **Jùzi liànxí**

一、跟读，注意句子的语音、语调　Listen and imitate, pay attention to the phonetics and tones

1. 我在看书，他在写汉字。
   我们正在看电视呢。
   他在杭州旅游呢。

2. 你吃完晚饭了吗？
   你做完作业了吗？
   你洗完澡了吗？

3. 哈利去杭州旅游。
   我去超市买牛奶。
   我的同屋去图书馆借书。

4. 你去邮局寄信吗？
   你去操场运动吗？
   你去银行换钱吗？

5. 他会说汉语还是会说英语？
   她想喝茶还是喝咖啡？
   我应该8点来还是9点来？

第十四课 哈利去杭州旅游

二、听句子，辨别对错　Listen to the sentences, then identify the right and the wrong statements

1. (　　)　　2. (　　)　　3. (　　)
4. (　　)　　5. (　　)　　6. (　　)

课文一　　Kèwén yī

词语　Vocabulary

出发	chūfā	（动）	set out; start off	집합하다	出発する
门口	ménkǒu	（名）	gate entrance; (doorway)	출입구	出入り口、
集合	jíhé	（动）	gather; assemble	출발하다	集合する
水果	shuǐguǒ	（名）	fruit	과일	フルーツ、果物
牙刷	yáshuā	（名）	toothbrush	칫솔	歯ブラシ
宾馆	bīnguǎn	（名）	hotel	호텔,여관	ホテル、旅館
照相机	zhàoxiàngjī	（名）	camera	카메라,사진기	カメラ

57

练习 Exercise

（一）听两遍课文辨别对错 Listen twice, then identify the right and the wrong statements

1. (　　)　　2. (　　)　　3. (　　)
4. (　　)　　5. (　　)

（二）再听一遍，根据课文内容填空 Listen again, then fill in the the blanks according to the text

哈利他们明天早上_____在宿舍门口集合，_____出发。唐老师说可以带点_____或者_____什么的。宾馆里一般都有毛巾和牙刷，不过最好带上自己的_____。唐老师还说，不要忘了带_____。

课文二　Kèwén èr

词语 Vocabulary

| 应该 | yīnggāi | （动） | should; ought to | 당연히~해 야한다 | ~すべきである |
| 号码 | hàomǎ | （名） | number | 번호 | 番号、ナンバー |

第十四课　哈利去杭州旅游

✎ 练习　Exercise

（一）听两遍课文辨别对错　Listen twice, then identify the right and the wrong statements

1. (　　)　　2. (　　)　　3. (　　)
4. (　　)　　5. (　　)　　6. (　　)

（二）听短文，说出与刚才听到的课文不一样的地方　Listen to the short passage and tell differences from the text you just have heard

泛听练习　Fàntīng liànxí

一、听和练　Listen and practice

zhīshi jiù shi lìliàng
知识 就是 力量。　　　Knowledge is power.

二、听两遍短文选择正确答案并填写表格　Listen twice and choose the correct answers, then fill in the form

1. A.　B.　C.　　2. A.　B.　C.　　3. A.　B.　C.
4. A.　B.　C.　　5. A.　B.　C.

姓名	杨强	杨强的爱人	杨强的女儿	杨强的父亲	杨强的母亲
年龄(岁)					

（三）听短文，听后选图 Listen to the passage and choose the picture

1. A.   B. C.

2. A. B. C.

3. A. B. C.

4. A. B. C.

5. A. B. C.

Dì-shíwǔ kè
第十五课

Xīhú hěn měi
西湖 很 美

句子练习 Jùzi liànxí

一、跟读，注意句子的语音、语调 Listen and imitate, pay attention to the phonetics and tones

1. 这里就是杭州最有名的风景区。
   这里就是北京最有名的大学。
   这里就是上海最有名的餐厅。

2. 西湖很大啊。
   景色真美啊。
   黄山真高啊。

3. 不常下雪，但是常下雨。
   不常运动，但是常看球赛。
   不常看电影，但常看电视。

4. 大家可以先在这里照相。
   我们可以先回去休息。
   你们可以先进去参观。

5. 下雪的时候，西湖的景色更美。
   下雨的时候，我更想我的家人。
   天热的时候，她更不想吃饭。

二、听句子，从A、B两句中选出恰当的回答 Listen to the sentence, then choose the proper answer

1. A.　B.　　　　2. A.　B.　　　　3. A.　B.
4. A.　B.　　　　5. A.　B.　　　　6. A.　B.

课文一　　Kèwén yī

词语　Vocabulary

风景区	fēngjǐngqū	（名）	scenic spot; scenic resort	풍경구	観光地
船	chuán	（名）	boat; ship	배	船
一定	yídìng	（副）	surely; certainly	반드시	きっと、絶対に
雪	xuě	（动）	snow	눈	雪
更	gèng	（副）	even more	더욱	更に
注意	zhùyì	（动）	pay attention to	주의하다	注意する
安全	ānquán	（形）	safety	안전	安全

练习　Exercise

听两遍课文口头回答问题 Listen twice and answer the questions orally

1.　　　2.　　　3.　　　5.　　　6.

第十五课 西湖很美

一 词语 Vocabulary

拍	pāi	（动）	take a photo	(사진)찍다	撮る
好玩儿	hǎowánr	（形）	interesting	재미있다	面白い
划(船)	huá(chuán)	（动）	row	(배)타다	(船を)漕ぐ
当然	dāngrán	（副）	of course; certainly	당연히	当然だ
大概	dàgài	（副）	maybe; probably	대략, 대충	おおよその、大体の

二 练习 Exercise

听两遍课文，边听边填空 Listen twice and fill in the blanks while listening

丽莎在_____拍了很多照片，下午去_____取。她最喜欢在_____划船。丽莎晚饭后大概_____有空，她的同学_____去她的宿舍看照片。

单元练习（五）

一、听句子，判断哪种说法正确 Listen to the sentences and choose the correct answers

1. A. 哈利第一次来中国。　　　　B. 哈利来过中国。
2. A. 晚饭后看电视。　　　　　　B. 晚饭后看书。
3. A. 他很喜欢绿茶。　　　　　　B. 他喜欢咖啡。
4. A. 宿舍离学校比较远。　　　　B. 他住在学校。
5. A. 我想去杭州。　　　　　　　B. 我想借书。
6. A. 金大永在家。　　　　　　　B. 金大永的朋友来了。
7. A. 西湖很漂亮。　　　　　　　B. 大家都喜欢拍照。
8. A. 现在 7 点 20 分。　　　　　B. 现在 7 点 10 分。
9. A. 丽莎买的丝绸是绿色的。　　B. 丽莎买的丝绸是蓝色的。
10. A. 他们在图书馆。　　　　　　B. 他们在教室。

二、听对话，选择正确答案 Listen and choose the correct answers

1. A. 骑自行车　　　　B. 打的　　　　C. 坐公共汽车
2. A. 男的和哈利住在一个房间
   B. 哈利的房间是 2203
   C. 男的和哈利不住在一个房间
3. A. 杭州　　　　　　B. 都喜欢　　　C. 苏州

4. A. 都喜欢 　　　　　　B. 红色 　　　　　　C. 黄色

5. A. 他们在看照片 　　　B. 照片还没有取 　　C. 他们要去杭州

6. A. 64381022 　　　　　B. 66056678 　　　　C. 66056618

7. A. 20个 　　　　　　　B. 25个 　　　　　　C. 27个

8. A. 在上海 　　　　　　B. 在西安 　　　　　C. 在香港

9. A. 他的女儿 　　　　　B. 他的太太 　　　　C. 他的老师

10. A. 宾馆里有毛巾、牙刷

    B. 宾馆里没有毛巾、牙刷

    C. 宾馆里的毛巾、牙刷不好

Dì-shíliù kè
第十六课

Kěyǐ jiè wǒ yòng yíxiàr ma
可以借我 用 一下儿 吗

句子练习　　Jùzi liànxí

一、跟读，注意句子的语音、语调　Listen and imitate, pay attention to the phonetics and tones

1. 这双拖鞋是我同屋的。
   这本中文书是王老师的。
   这个房间是我和姐姐的。

2. 书架上的是我的字典。
   这件红的是她的衣服。
   那个辣的是玛丽喜欢吃的菜。

3. 这件衣服好看是好看，可是我觉得有点儿大。
   这个菜好吃是好吃，可是我觉得甜了一点儿。
   这个东西，好是好，可是太贵了。

4. 他习惯吃冰的东西。
   我习惯早上喝咖啡。
   丽莎习惯睡觉前听音乐。

5. 他又吃辣的又喝冰的，没事吧？
   你们又唱歌又跳舞，高兴吧？
   你们又照相又买东西，很忙吧？

第十六课 可以借我用一下儿吗

二、听句子，从A、B两句中选出恰当的回答 Listen to the sentence, then choose the proper answer

1. A.　B.　　2. A.　B.　　3. A.　B.　　4. A.　B.　　5. A.　B.
6. A.　B.　　7. A.　B.　　8. A.　B.　　9. A.　B.　　10. A.　B.

课文一　　Kèwén yī

词语 Vocabulary

借	jiè	（动）	borrow	빌리다	借りる
旅行包	lǚxíngbāo	（名）	travelling bag	여행가방, 트렁크	旅行バッグ
景点	jǐngdiǎn	（名）	scenic spot	경치가 좋은뮤, 명소	観光名所

练习 Exercise

（一）听两遍课文辨别对错　Listen twice, then identify the right and the wrong statements

1. (　　)　　2. (　　)　　3. (　　)
4. (　　)　　5. (　　)　　6. (　　)

（二）再听一遍课文，口头回答问题　Listen again and answer the questions orally

1.　　2.　　3.　　4.　　5.　　6.

课文二 Kèwén èr

词语 Vocabulary

| 样子 | yàngzi | （名） | style | 모양 | 形 |
| 颜色 | yánsè | （名） | colour | 색깔 | 色 |

练习 Exercise

（一）听两遍课文，选择正确答案 Listen twice and choose the correct answers

1. A.　B.　　　2. A.　B.　　　3. A.　B.
4. A.　B.　　　5. A.　B.　　　6. A.　B.

（二）听短文，说出与刚才听到的课文不一样的地方 Listen to the short passage and tell differences from the text you just have heard

泛听练习 Fàntīng liànxí

一、听和练 Listen and practice

bú dào Chángchéng fēi hǎohàn
不 到 长城 非 好汉。

He who does not reach the Great Wall is not a true man.

第十六课　可以借我用一下儿吗

二、听短文，边听边填空　Listen and fill in the blanks while listening

　　黄佳佳和金大永到北京的第_____天，他们去故宫（Gùgōng）玩儿。遇到的一个旅游团里的都是_____。旅游团里的人有的是从_____，有的是从_____。那天从_____到_____，他们_____跟旅游团_____玩儿。他们互相_____，又_____又划船（huá chuán），玩得_____。

三、听两遍短文，听后填表　Listen twice and fill in the form

shíjiān 时间	xíngchéng ānpái 行程　安排（routing）	gōngjù 工具
第一天	找_____，去_____ 买一件_____大衣	坐_____到北京
第二天	去故宫（Gùgōng）， 和_____一起玩	坐_____去
第三天	去_____	坐_____去
第四天	去香山。香山_____， 他们玩得又累又_____	坐_____去
第五天	去宾馆附近_____	步行
第六天	回_____	坐_____回

Dì-shíqī kè
第十七课

Zánmen qù gōngyuán zěnmeyàng
咱们 去 公园 怎么样

句子练习 Jùzi liànxí

一、跟读，注意句子的语音、语调 Listen and imitate, pay attention to the phonetics and tones

1. 你陪我去公园怎么样？
   你们陪我去医院怎么样？
   她陪你去看电影怎么样？

2. 我对音乐很感兴趣。
   他对旅游最感兴趣。
   丽莎对中国文化最感兴趣。

3. 你的感冒不是刚好吗？
   你不是今天不来上课吗？
   他不是刚从日本回来吗？

4. 都八点了，你该起床了。
   都五岁了，他还不会说话。
   都十二点了，你还不睡觉？

5. 他可能在家睡觉。
   今天可能会下雨。
   她可能不喜欢在宿舍学习。

二、听句子，从A、B两句中选出恰当的回答　Listen to the sentence, then choose the proper answer

1. A.　B.　　2. A.　B.　　3. A.　B.　　4. A.　B.　　5. A.　B.
6. A.　B.　　7. A.　B.　　8. A.　B.　　9. A.　B.　　10. A.　B.

课文一　kèwén yī

词语　Vocabulary

可能	kěnéng	（副）	maybe	~아마도	~かもしれない
陪	péi	（动）	accompany	동반하다	付き添う
感兴趣	gǎn xìngqu		be interested in	흥미를 느끼다	興味を覚える

练习　Exercise

(一) 听两遍课文辨别对错　Listen twice, then identify the right and the wrong statements

1. (　)　　2. (　)　　3. (　)　　4. (　)
5. (　)　　6. (　)　　7. (　)

(二) 再听一遍，根据课文内容填空 Listen again, then fill in the the blanks according to the text

1. 芳子觉得下午在宿舍睡觉_____。
2. 他们从_____出发去公园。
3. _____和黄佳佳住一个宿舍。
4. 他们说话的时候已经下午_____点了。

课文二   Kèwén èr

词语 Vocabulary

爬山	pá shān		to climb mountains	등산하다	山を登る
空气	kōngqì	（名）	air	공기	空気
同意	tóngyì	（动）	agree	동의하다, 찬성하다	同意する、賛成する

练习 Exercise

(一) 听两遍课文，选择正确答案 Listen twice and choose the correct answers

1. A. B.   2. A. B.   3. A. B. C.
4. A. B. C.   5. A. B.   6. A. B.

(二) 听短文，说出与刚才听到的课文不一样的地方 Listen to the short passage and tell differences from the text you just have heard

第十七课　咱们去公园怎么样

泛听练习　Fàntīng liànxí

一、听和练　Listen and practice

shàng yǒu tiāntáng
上　有　天堂，　There is a heaven in the sky,

xià yǒu Sū Háng
下　有　苏　杭。　And there are Suzhou and Hangzhou on the earth.

(二) 听两遍短文，听后给下列句子编序号　Listen twice and sequence the events by writing the numbers in the brackets according to the text

(　) 去浦东

(　) 去机场

(　) 订房间

(　) 吃晚饭

(　) 去南京路

(　) 看外滩夜景 (yèjǐng)

(三) 听两遍对话，听后表演　Perform after listening

Dì-shíbā kè
第十八课

Jiù yào kǎoshì le
就要考试了

句子练习 Jùzi liànxí

一、跟读，注意句子的语音、语调 Listen and imitate, pay attention to the phonetics and tones

1. 就要考试了，快复习吧。
   就要下雨了，快走吧。
   冬天就要来了，好冷呀。

2. 电影快要开始了！
   比赛快要结束了！
   姐姐快要结婚了！

3. 下星期一有读写课考试。
   这个周末有足球比赛。
   今天晚上学校有晚会。

4. 明天复习不就行了？
   努力学习不就好了？
   吃点儿药不就没事了？

5. 你怎么这么不喜欢看书？
   你怎么这么爱吃甜的？
   他怎么这么不喜欢汉字？

第十八课　就要考试了

二、听句子，从A、B两句中选出恰当的回答　Listen to the sentence, then choose the proper answer

1. A.　B.　　2. A.　B.　　3. A.　B.　　4. A.　B.　　5. A.　B.

课文一　Kèwén yī

词语　Vocabulary

| 复习 | fùxí | （动） | review; go over | 복습하다 | 復習する |

练习　Exercise

(一) 听两遍课文辨别对错　Listen twice, then identify the right and the wrong statements

1. (　)　　2. (　)　　3. (　)　　4. (　)
5. (　)　　6. (　)　　7. (　)

(二) 再听一遍，根据课文内容填空　Listen again, then fill in the the blanks according to the text

这个_____，哈利在宿舍_____。因为他们_____有_____课考试。金大永说如果_____帮_____复习，他就_____。哈利答应_____。他们想先复习_____。不过金大永说要先去_____。因为他习惯一边_____一边_____。

75

课文二　Kèwén èr

词语　Vocabulary

橘子	júzi	（名）	orange	귤	ミカン
鞋	xié	（名）	shoe	신발	靴
坏	huài	（形）	broken down	고장나다	壊れる

练习　Exercise

（一）听两遍课文，选择正确答案　Listen twice and choose the correct answers

1. A.　B.　　2. A.　B.　　3. A.　B.
4. A.　B.　　5. A.　B.　　6. A.　B.

（二）再听一遍，复述课文内容　Listen again and retell the main content

单元练习(六)

一、听一遍短文，回答问题 Listen to the short passage once and answer the questions

(一) 问：金大永原来每天晚上要做什么？
答：他每天晚上_____。

(二) 问：李芳家在哪里？
答：李芳家在_____。

(三) 问：他们到电影院时，电影大概已经开始多长时间了？
答：他们到电影院时，电影大概已经开始_____。

二、听两遍对话，听后口头回答问题 Listen twice and answer the questions

1. 他们在什么地方说话？
2. 他们带雨伞了没有？
3. 金大永买到旅游鞋了没有？
4. 金大永还想买什么？
5. 哈利为什么不想再逛商店了？
6. 谁请谁吃冰淇淋？
7. 谁吃了谁的水果？
8. 后来他们去咖啡馆儿了没有？为什么？

三、听短文，复述主要内容 Listen to the short passage and retell the main content

第十九课 Dì-shíjiǔ kè

学了两个月的汉语了 Xuéle liǎng ge yuè de Hànyǔ le

句子练习 Jùzi liànxí

一、跟读，注意句子的语音、语调 Listen and imitate, pay attention to the phonetics and tones

1. 来中国以前你学过汉语吗？
   来中国以前你吃过中国菜吗？
   来中国以前你看过中国电影吗？

2. 你说得真不错。
   你做得真不错。
   你写得真不错。

3. 我学了两个月的汉语了。
   我写了一个小时的作业了。
   我们上了四个小时的课了。

4. 他们说得有点儿快，我听不懂。
   我今天吃得有点儿多。
   今天很冷，你穿得有点儿少。

5. 请你慢一点儿。
   请你快一点儿。
   请多吃一点儿。

第十九课　学了两个月的汉语了

二、听句子，选择图画　Listen to the sentences and choose the pictures

三、听句子，从A、B两句中选出恰当的回答　Listen to the sentence, then choose the proper answer

1. A.　B.　　2. A.　B.　　3. A.　B.
4. A.　B.　　5. A.　B.

课文一 Kèwén yī

词语 Vocabulary

哪儿	nǎr	（代）	I'm not	(상대방 말에대한 부정)그렇지않다	そんなことない
差得远	chàdeyuǎn		far behind others	관계없다, 거리가 멀다	程遠い

练习 Exercise

（一）听两遍课文辨别对错 Listen twice, then identify the right and the wrong statements

1. (　　)　　2. (　　)　　3. (　　)
4. (　　)　　5. (　　)

（二）再听一遍课文，口头回答问题 Listen again and answer the questions orally

1.　　2.　　3.　　4.

课文二 Kèwén èr

词语 Vocabulary

逛街	guàng jiē	go shopping 쇼핑하다	見物する、買い物する

第十九课 学了两个月的汉语了

南京路	Nánjīng Lù		Nanjing Rd	남경로(도로명)	南京路(道路名)
淮海路	Huáihǎi Lù		Huaihai Rd	회해로(도로명)	淮海路(道路名)
满意	mǎnyì	(形)	satisfied	만족하다	満足する
方便	fāngbiàn	(形)		편리하다	

练习 Exercise

(一) 听两遍课文，选择正确答案 Listen twice and choose the correct answers

1. A．   B．   C．   2. A．   B．   C．   3. A．   B．   C．
4. A．   B．   C．   5. A．   B．   C．   6. A．   B．   C．

(二) 听短文，说出与刚才听到的课文不一样的地方 Listen to the short passage and tell differences from the text you just have heard

泛听练习　　Fàntīng liànxí

一、听和练 Listen and practice

Guìlín shān shuǐ jiǎ tiānxià
桂林　山　水　甲　天下。
The landscape of Guilin is the most beautiful scene on the world.

二、听两遍短文，然后填空　Listen twice, and then fill in the blanks

　　　金大永想去_____，他问黄佳佳附近哪家_____好。黄佳佳说超市_____那家理发店很好，金大永问那家理发店叫什么_____。黄佳佳说："叫'_____美发店'，早上_____开门，晚上_____才关门。"金大永说："哦，开门晚，关门也晚啊。那家店贵不贵啊？"黄佳佳告诉他_____10块，_____一般也是10块。不过烫头发比较贵，要_____左右。

三、听两遍对话，听后口头回答问题　Listen twice and answer the questions orally

1.　　　2.　　　3.　　　4.　　　5.　　　6.

第二十课 Dì-èrshí Kè

别把手机放在桌子上
Bié bǎ shǒujī fàng zài zhuōzi shang

句子练习 Jùzi liànxí

一、跟读，注意句子的语音、语调 Listen and imitate, pay attention to the phonetics and tones

1. 这是我第一次在中国坐火车。
   这是我第一次吃烤鸭。
   这是我第一次来上海。

2. 别把手机放在桌子上。
   别把书包放在地上。
   别把钱包放在背包里。

3. 把这些画儿贴在教室后面。
   把这张地图挂在墙上。
   把这个礼物放在教室后边。

4. 黑板上写什么字呢？
   墙上挂什么照片呢？
   桌子上放什么花呢？

5. 我没有在火车上睡过觉。
   我没有在图书馆借过书。
   我没有在食堂吃过饭。

二、听句子，选择图画　Listen to the sentences and choose the pictures

1. A. 　B. 　C. 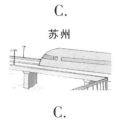　D.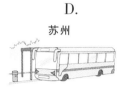

2. A. 　B. 　C. 　D.

3. A. 　B. 　C. 　D.

4. A. 　B. 　C. 　D.

5. A. 　B. 　C. 　D.

三、听句子，从A、B两句中选出恰当的回答　Listen to the sentence, then choose the proper answer

1. A.　B.　　2. A.　B.　　3. A.　B.

4. A.　B.　　5. A.　B.

第二十课　别把手机放在桌子上

课文一　Kèwén yī

一 词语 Vocabulary

风景	fēngjǐng	（名）	scenery	경치	景色
感觉	gǎnjué	（名、动）	sense; feeling	느끼다	感じる
提醒	tíxǐng	（动）	remind	일깨우다	注意を与える、指摘してやる
晴天	qíngtiān	（名）	sunny day	맑은달 맑은 하늘	晴れ、晴天

二 练习 Exercise

（一）听两遍课文辨别对错　Listen twice, then identify the right and the wrong statements

1.（　　）　　2.（　　）　　3.（　　）
4.（　　）　　5.（　　）　　6.（　　）

（二）再听一遍，复述课文内容　Listen again and retell the main content

课文二　Kèwén èr

一　词语　Vocabulary

布置	bùzhì	（动）	dispose; lay	배치, 장식하다	装飾する、飾り付ける
贴	tiē	（动）	glue; stick to	붙이다	貼る
搬	bān	（动）	take away; move; remove	옮기다, 이동하다	運ぶ、移す
留	liú	（动）	leave	낭겨두다	残す
够	gòu	（形）	adequate; enough; sufficient	충분하다, 넉넉하다	達する、十分ある
彩灯	cǎidēng	（名）	color lamp	컬러램프	カラーランプ
圣诞	Shèngdàn	（名）	Christmas	성탄	クリスマスプ
礼物	lǐwù	（名）	gift	선물	レゼント

二　练习　Exercise

（一）听两遍课文，选择正确答案　Listen twice and choose the correct answers

1. A.　B.　C.　　2. A.　B.　C.　　3. A.　B.　C.
4. A.　B.　C.　　5. A.　B.　C.　　6. A.　B.　C.

第二十课　别把手机放在桌子上

（二）再听一遍，写出主要内容　Listen again and write the main content

一、听和练　Listen and practice

zài jiā kào fùmǔ chū mén kào péngyou
在家靠父母，出门靠朋友。
One relies on parents at home; one needs friends away from home.

二、听短文，听后口头回答问题并填空　Listen to the passage and answer the questions orally, and fill in the blanks

1.　　2.　　3.　　4.　　5.　　6.　　7.

昨天_____，哈利和金大永在一家酒吧_____，他们要了_____大杯青岛啤酒。他们一边喝一边_____。_____的时候，他们常常来这家酒吧，酒吧服务员都_____他们了。他们听说这家酒吧的老板很_____，刚刚大学_____。他们一直到晚上_____多才离开，走的时候，哈利又把手机放在_____了，服务员赶紧告诉哈利："别_____您的手机"。

87

Dì-èrshíyī kè
第二十一课

Wǒ shì yī diǎn zhōng
我 是 一 点 钟
chī de yào
吃 的 药

 句子练习 Jùzi liànxí

一、跟读，注意句子的语音、语调 Listen and imitate, pay attention to the phonetics and tones

1. 我是一点钟吃的药。
   我是十二点钟下的课。
   我是十二点半吃的午饭。

2. 我头疼得厉害。
   我肚子疼得厉害。
   我嗓子疼得厉害。

3. 你几点钟吃的药？
   你几点钟下的课？
   你几点钟做的午饭？

4. 你哪儿不舒服？
   你哪儿疼？
   你怎么了？

5. 这药四个小时吃一次。
   这药一天吃两次。
   这药饭后吃。

第二十一课　我是一点钟吃的药

二、听句子，从A、B两句中选出恰当的回答　Listen to the sentence, then choose the proper answer

1. A.　B. 2. A.　B. 3. A.　B.
4. A.　B. 5. A.　B. 6. A.　B.

课文一　Kèwén yī

词语　Vocabulary

脸色	liǎnsè	（名）	countenance	안색	顔色
厉害	lìhai	（形）	severe; terrible	대단하다; 심하다	ひどい、すごい
感冒	gǎnmào	（动）	catch a cold	감기애 걸리다	風邪を引く
量	liáng	（动）	measure; survey	(무게, 넓이) 재다, 달다	はかる
体温	tǐwēn	（名）	(body) temperature	체온	体温
体温表	tǐwēnbiǎo	（名）	thermometer	체온계	体温計
度	dù	（量）	degree	(온도)도	度
嗓子	sǎngzi	（名）	throat	목(구멍)	のど
打针	dǎ zhēn		inject	주사맞다	注射する

89

练习 Exercise

（一）听两遍课文，选择正确答案 Listen twice and choose the correct answers

1. A. B.　　2. A. B.　　3. A. B.　　4. A. B.

（二）再听一遍课文，口头回答问题 Listen again and answer the questions orally

1.　　2.　　3.　　4.　　5.

课文二　Kèwén èr

练习 Exercise

（一）听两遍课文辨别对错 Listen twice, then identify the right and the wrong statements

1. (　　)　　2. (　　)　　3. (　　)

4. (　　)　　5. (　　)

（二）再听一遍课文，边听边填空 Listen again and fill in the blanks while listening

丽莎今天好_____，不_____了。她今天量过_____了，_____度。她_____后大概_____吃的药。现在快_____了，可以再吃_____，大夫说_____吃一次。

单元练习（七）

一、听一遍句子，选择正确答案 Listen to the sentences and choose the correct answers

1. A. 很多　　　　B. 不多　　　　C. 很少

2. A. 我知道哈利去哪儿了。
   B. 我不知道哈利去哪儿了。
   C. 我想知道哈利去哪儿了。

3. A. 在上面　　　B. 在地上　　　C. 不知道

4. A. 口袋里　　　B. 手里　　　　C. 车上

5. A. 金大永是和朋友一起去西安的。
   B. 金大永是和同学一起去西安的。
   C. 金大永是自己去西安的。

6. A. 哈利在火车上拍的
   B. 哈利在山上拍的
   C. 哈利在出租车上拍的

二、听对话，选择正确答案 Listen to the dialogues and choose the correct answers

1. A. 西安　　　　B. 飞机场　　　C. 家里

2. A. 出租车　　　B. 机场大巴　　C. 飞机

3. A. 前天晚上　　　B. 昨天晚上　　　C. 今天晚上

4. A. 没意思　　　　B. 很好玩　　　　C. 还可以

5. A. 告诉金大永她姐姐来了
   B. 问金大永是什么时候回来的
   C. 告诉金大永她明天要去桂林

6. A. 是　　　　　　B. 不是　　　　　C. 不知道

第二十二课 Dì-èrshíèr kè

我 什么 都 不 想 吃
Wǒ shénme dōu bù xiǎng chī

句子练习　Jùzi liànxí

一、跟读，注意句子的语音、语调　Listen and imitate, pay attention to the phonetics and tones

1. 我这里负责挂号。
   他负责买吃的东西。
   王老师负责这里的工作。

2. 请你把这些东西交给大夫。
   我把这本书送给我朋友了。
   请把护照带给我妹妹。

3. 我什么地方都不想去。
   她什么东西都不想买。
   他累得什么事都不想做。

4. 他带一只烤鸭来。
   我送几个菜去。
   他们拿几本书来。

5. 麻烦你把那张纸递给我好吗？
   麻烦你把钥匙交给我好吗？
   麻烦你把那件大衣还给我好吗？

93

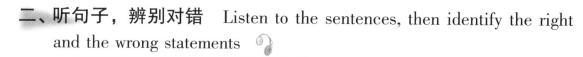

二、听句子，辨别对错 Listen to the sentences, then identify the right and the wrong statements

1. (   )   2. (   )   3. (   )   4. (   )   5. (   )
6. (   )   7. (   )   8. (   )   9. (   )   10. (   )

课文一 Kèwén yī

词语 Vocabulary

挂号	guà hào		register	신청하다, 접수하다	受付をする
科	kē	（名）	a branch of academic	과	科
难受	nánshòu	（形）	feel ill	괴롭다, 참을수없다	気持ちが悪い、体の具合が悪い
内科	nèikē	（名）	internal medicine	내과	内科

练习 Exercise

（一）听两遍课文，选择正确答案 Listen twice and choose the correct answers

1. A.   B.   2. A.   B.   3. A.   B.
4. A.   B.   5. A.   B.   6. A.   B.

94

第二十二课　我什么都不想吃

（二）再听一遍，根据课文内容填空　Listen again, then fill in the the blanks according to the text

1. 那张纸上的药，黄佳佳吃了会_____。
2. 那个工作人员负责_____。
3. 工作人员把_____交给黄佳佳。

课文二　Kèwén èr

一　词语　Vocabulary

拉	lā	（动）	have (loose bowels)	(배)탈나다	(腹を)こわす
化验	huàyàn	（动）	assay; test	진찰하다	検査をする
大便	dàbiàn	（名）	stool	대변	大便

二　练习　Exercise

（一）听两遍课文辨别对错　Listen twice, then identify the right and the wrong statements

1. (　　)　　2. (　　)　　3. (　　)
4. (　　)　　5. (　　)　　6. (　　)

（二）听短文，说出与刚才听到的课文不一样的地方　Listen to the short passage and tell differences from the text you just have heard

泛听练习　Fàntīng liànxí

一、听和练　Listen and practice

dú wàn juàn shū　xíng wàn lǐ lù
读万卷书，行万里路。

Read thousands of books, and walk thousands miles of roads.

二、听两遍短文，听后填表　Listen twice and fill in the form

这些药要___元___毛	药片（yàopiàn）	白（bái）	每天___次，每次___片	___吃
		黄（huáng）	每天___次，每次___片	___吃
		红（hóng）	每次___片	
	药水（yàoshuǐ）		每天___次	___吃

三、听两遍短文，听后复述　Listen twice and retell it

第二十三课
Dì-èrshísān kè

这菜做得真好吃
Zhè cài zuò de zhēn hǎo chī

句子练习 **Jùzi liànxí**

一、跟读，注意句子的语音、语调　Listen and imitate, pay attention to the phonetics and tones

1. 你的汉语说得真好。
   他的衣服洗得很干净。
   唐老师的课上得很好。

2. 我喜欢吃中国菜，尤其是川菜。
   他喜欢上汉语课，尤其是听力课。
   李阳喜欢旅游，尤其是骑自行车去旅游。

3. 这菜做得不错，就是有点儿甜。
   这件衣服很漂亮，就是有点儿大。
   这个房间很干净，就是小了一点儿。

4. 你一定要多喝水。
   她一定要多运动。
   我一定要说汉语。

5. 他很会做中国菜。
   她很会照相。
   我很会唱歌。

二、听句子，辨别对错　Listen to the sentences, then identify the right and the wrong statements

1. (　　)　　2. (　　)　　3. (　　)　　4. (　　)
5. (　　)　　6. (　　)　　7. (　　)　　8. (　　)

课文一　Kèwén yī

词语　Vocabulary

心意	xīnyì	（名）	gift; present; regard	성의	気持ち
容易	róngyì	（形）	be likely to	쉽다, 용이하다	~しやすい~する可能性加大きい
四川菜	Sìchuāncài		Sichuan cuisine	사천요리	四川料理
特别	tèbié	（副）	especially; in particular	특별한	特別

练习　Exercise

（一）听两遍课文，选择正确答案　Listen twice and choose the correct answers

1. A.　B.　　2. A.　B.　　3. A.　B.
4. A.　B.　　5. A.　B.　　6. A.　B.

第二十三课　这菜做得真好吃

（二）再听一遍，根据课文内容填空　Listen again, then fill in the the blanks according to the text

1. 哈利自己觉得他的汉语_____。
2. 前几天，李阳爸爸_____。
3. 李阳爸爸现在身体_____。

课文二　Kèwén èr

一　词语　Vocabulary

面条	miàntiáo	（名）	noodle	(인스턴트) 라면	インスタントラーメン
弄错	nòngcuò		make a mistake	실수하다, 잘못하다	思い違いをする
盐	yán	（名）	salt	소금	塩
糖	táng	（名）	sugar	설탕	砂糖

二　练习　Exercise

（一）听两遍课文辨别对错　Listen twice, then identify the right and the wrong statements

1. (　　)　　2. (　　)　　3. (　　)

4. (　　)　　5. (　　)　　6. (　　)

（二）听短文，说出与刚才听到的课文不一样的地方 Listen to the short passage and tell differences from the text you just have heard

一、听和练 Listen and practice

sān tiān dǎ yú liǎng tiān shài wǎng.
三 天 打 鱼，两 天 晒 网。

Go fishing for three days and dry the net for two.

二、听两遍短文，听后填表 Listen twice and fill in the blanks

1. 下面有三幅图，每一幅是谁家的图？

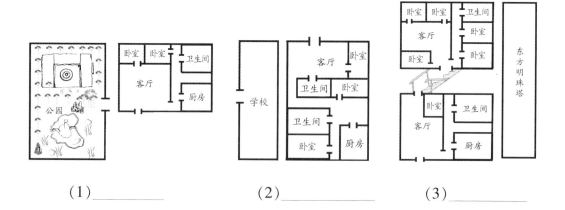

(1)_____　　(2)_____　　(3)_____

2. 根据短文填表

	房间数量	不好的地方
李阳家	有____个卧室、____个客厅，____个卫生间和____个厨房	——
王芳家	有____个卧室、____个客厅，____个卫生间和____个厨房	——
唐老师家	有____个卧室、____个客厅，____个卫生间和____个厨房	dǎ sǎo hěn lèi 打 扫 很 累

三、听两遍对话，听后表演　Listen twice and perform it after listening

Dì-èrshísì kè
第二十四课

Nǐ kàn de dǒng ma
你看得懂吗

句子练习 **Jùzi liànxí**

一、跟读，注意句子的语音、语调 Listen and imitate, pay attention to the phonetics and tones

1. 画上还写着字呢。
   桌子上还放着书呢。
   天上还下着雨呢。

2. 这个字我看不懂。
   这些东西他吃不了。
   这种词典我买得到。

3. 你拿得动这张画儿吗？
   他做得完这些作业吗？
   你们听得清楚老师的话吗？

4. 我们家乡的冬天比上海冷多了。
   我买的笔比他买的贵多了。
   他的大衣比我的大多了。

5. 这件没有那件蓝的好。
   我的书没有她的多。
   这儿冬天没有我们家乡暖和。

二、听句子，辨别对错　Listen to the sentences, then identify the right and the wrong statements

1. (　　)　　2. (　　)　　3. (　　)
4. (　　)　　5. (　　)

课文一　Kèwén yī

词语　Vocabulary

结婚	jié hūn		marry	결혼하다	結婚する
书法	shūfǎ	（名）	calligraphy; handwriting	서예	書道
幸福	xìngfú	（形）	happiness	행복	幸せ、幸福

练习　Exercise

（一）听两遍课文辨别对错　Listen twice, then identify the right and the wrong statements

1. (　　)　　2. (　　)　　3. (　　)　　4. (　　)
5. (　　)　　6. (　　)　　7. (　　)

（二）再听一遍，根据课文内容填空　　Listen again, then fill in the the blanks according to the text

现在是_____了，哈利去商店_____。在商店里，他遇到了黄佳佳。黄佳佳要买_____。因为她的_____国朋友要结婚了。黄佳佳的朋友喜欢_____。哈利告诉她送_____。那张画儿_____。画上还_____字。他们_____这个字。商店里的售货员告诉他们，这个字是"幸福"的_____字。黄佳佳高兴地_____这张画儿。

课文二　Kèwén èr

词语　Vocabulary

好看	hǎokàn	（形）	beautiful; goodlooking	이쁘다, 보기좋다	美しい、きれい
帅	shuài	（形）	handsome	멋지다, 잘생기다	かっこいい、りっぱである
暖和	nuǎnhuo	（形）	warm	따뜻하다	暖かい
家乡	jiāxiāng	（名）	hometown	고향	故郷
合适	héshì	（形）	suitable	적당하다, 적합하다	具合がよい、ちょうどよい
认真	rènzhēn	（形）	careful	진지하다, 성실하다	まじめである

第二十四课 你看得懂吗

练习 Exercise

(一) 听两遍课文,选择正确答案 Listen twice and choose the correct answers

1. A.　B.　　　2. A.　B.　　　3. A.　B.
4. A.　B.　　　5. A.　B.

(二) 再听一遍,复述课文内容 Listen again and retell the main cotent

单元练习（八）

一、听一遍句子，回答问题 Listen to the sentences once and answer the questions

（一）问：他已经喝了几瓶了？
　　答：他已经喝了_____。

（二）问：芳子觉得哈利写的字怎么样？
　　答：芳子觉得哈利写的字_____。

（三）问：说话人可能在哪儿？
　　答：说话人可能在_____。

（四）问：你听到的可能是哪个季节的天气情况？
　　答：可能是_____。

二、听两遍对话，听后口头回答问题 Listen twice and answer the questions orally after listening

1. 他们可能在哪儿说话？
2. 哈利上个月去哪儿了？
3. 哈利要把照片寄给谁？
4. 哈利的女朋友在哪儿？做什么的？
5. 哈利的女朋友的汉语怎么样？为什么？
6. 黄佳佳觉得应该寄挂号还是快件？
7. 往北京寄快件几天能到？
8. 黄佳佳觉得哈利写的汉字怎么样？

三、听短文，写出主要内容 Listen to the passage and write the main content

Dì-èrshíwǔ kè
第二十五课

Tā bǎ shū dōu fàng zài shūjià shang
她把书都放在书架上

 句子练习　　 Jùzi liànxí

一、跟读，注意句子的语音、语调　Listen and imitate, pay attention to the phonetics and tones

1. 我要去银行换钱。
   我要去商店买东西。
   我要去医院看病。

2. 你打算下午去哪里？
   你打算下午什么时候去？
   你打算下午几点去？

3. 我在校门口等你。
   我在宿舍门口等你。
   我在银行门口等你。

4. 你考试考得怎么样？
   你汉语说得怎么样？
   你篮球打得怎么样？

5. 他比我多五分。
   我比他大三岁。
   这本词典比那本贵十块。

二、听句子，从 A、B 两句中选出恰当的回答 Listen to the sentences, then choose the proper answer

1. A.　B.　　　2. A.　B.　　　3. A.　B.
4. A.　B.　　　5. A.　B.　　　6. A.　B.

课文一　　Kèwén yī

词语　Vocabulary

取	qǔ	（动）	fetch；get	가지다, 얻다	取る、引き出す
美元	měiyuán	（名）	dollar	달러	米ドル
比价	bǐjià	（名）	parity；rate of exchange	한율	爲替レート

练习　Exercise

（一）听两遍课文，选择正确答案 Listen twice and choose the correct answers

1. A.　B.　　2. A.　B.　　3. A.　B.　　4. A.　B.

第二十五课 她把书都放在书架上

（二）再听一遍课文，口头回答问题 Listen again and answer the questions orally

1.　　　2.　　　3.　　　4.

课文二　Kèwén èr

词语　Vocabulary

分	fēn	（名）	mark; score	점수	点数
写作	xiězuò	（动）	write	작문	作文
成绩	chéngjì	（名）	achievement	성적	成績
读写课	dúxiěkè	（名）	read-write lesson	읽기, 쓰기수업	読み書き授業
努力	nǔlì	（形）	pay more effort endeavor	노력하다	努力する
录音	lùyīn	（名）	record; tape	녹음하다	録音する

练习　Exercise

（一）听课文填表　Fill in the form after listening

	听力	读写	写作
金大永			
丽莎			

（二）再听一遍课文，边听边填空　Listen again and fill in the blanks while listening

金大永这次考试_____96分，但是写作_____，才84分。丽莎的写作成绩和金大永_____。丽莎读写课考得_____，比金大永_____5分。他们都要_____学习。金大永告诉丽莎要多_____，多和中国朋友_____。

泛听练习　Fàntīng liànxí

一、听和练　Listen and practice

rén wú yuǎn lǜ　bì yǒu jìn yōu
人 无 远 虑，必 有 近 忧。

One who have no foresight must have immediate misery.

二、听短文，辨别对错　Listen to the passage and identify the right and the wrong statements

1. (　)　　2. (　)　　3. (　)　　4. (　)

三、再听一遍，选择正确答案　Listen again and choose the correct answers

1. A.　B.　　　2. A.　B.　　　3. A.　B.

4. A.　B.　　　5. A.　B.　　　6. A.　B.

Dì-èrshíliù kè
第二十六课

Wǒ bǎ zhàopiàn dàilai le
我把 照片 带来了

句子练习 Jùzi liànxí

一、跟读，注意句子的语音、语调　Listen and imitate, pay attention to the phonetics and tones

1. 我把照片带来了。
   他把书拿来了。
   她把手机带来了。

2. 我对导游很满意。
   我们对老师很满意。
   他对学生很满意。

3. 他对中国很了解。
   我对上海很了解。
   我对杭州很了解。

4. 我家一共有五口人。
   我们班一共有二十人。
   我们宿舍一共有三个人。

5. 我有弟弟和妹妹。
   他有哥哥和姐姐。
   她有姐姐和弟弟。

二、听句子，从A、B两句中选出恰当的回答　Listen to the sentences, then choose the proper answer

1. A.　B.　　　2. A.　B.　　　3. A.　B.
4. A.　B.　　　5. A.　B.　　　6. A.　B.

课文一　Kèwén yī

词语　Vocabulary

西安	Xī'ān		Xi'an	시안(지명)	西安(地名)
名胜	míngshèng	（名）	scenic spots	명승지, 명소	名所
古迹	gǔjì	（名）	historic sites	고적	古跡
安排	ānpái	（动）	arrange; plan	안배하다, 배치하다	手配する
导游	dǎoyóu	（名）	tourist guide	가이드	ガイド

练习　Exercise

（一）听两遍课文辨别对错　Listen twice, then identify the right and the wrong statements

1. (　　)　　2. (　　)　　3. (　　)　　4. (　　)
5. (　　)　　6. (　　)　　7. (　　)

112

第二十六课 我把照片带来了

(二) 再听一遍课文,口头回答问题 Listen again and answer the questions orally

1.　　2.　　3.　　4.　　5.　　6.　　7.

 课文二 Kèwén èr

一　词语　Vocabulary

| 全家 | quán jiā | | whole family | 전가족, 일가 | 一家 |
| 老大 | lǎodà | (名) | eldest child | (형제자매중)맏이 | 長男(女) |

二　练习　Exercise

(一) 听课文,选择正确答案 Listen the dialogues and choose the correct answers

1. A.　B.　C.　　2. A.　B.　C.
3. A.　B.　C.　　4. A.　B.　C.

(二) 再听一遍课文,口头回答问题 Listen again and answer the questions orally

1.　　2.　　3.　　4.　　5.

泛听练习　Fàntīng liànxí

一、听和练　Listen and practice

yǒu péng zì yuǎnfāng lái, bú yì lè hū
有 朋 自 远方 来，不 亦 乐 乎。

It's a pleasure for my friend to come from distant place.

二、听两遍短文，边听边填空　Listen twice and fill in the blanks while listening

芳子来中国已经快_____了。_____她和几个朋友去西安旅游了。今天她把旅游的_____带来了，大家对照片都很有_____。因为同学们都没去过西安，他们很想_____西安。芳子把照片拿_____，放在_____上。哈利问_____是兵马俑，芳子把兵马俑的照片拿给哈利，哈利说他也想去_____兵马俑。

第二十七课
Dì-èrshíqī kè

《旅游手册》被哈利借去了
Lǚyóu shǒucè bèi Hālì jièqu le

句子练习 Jùzi liànxí

一、跟读，注意句子的语音、语调 Listen and imitate, pay attention to the phonetics and tones

1. 我的书被哈利借去了。
   我的照相机被朋友拿去了。
   我的自行车被小张借去了。

2. 我可能要去桂林旅游。
   我可能要去北京旅游。
   我可能要去西安旅游。

3. 我觉得桂林的每座山都不一样。
   我觉得汉语和英语不一样。
   我觉得上海和北京不一样。

4. 你的自行车借我用用。
   你的词典借我用用。
   你的手机借我用用。

5. 桂林的山水真的很美！
   西安的名胜古迹真的很多！
   杭州的风景真的很漂亮！

二、听句子，从 A、B 两句中选出恰当的回答　Listen to the sentences, then choose the proper answer

1. A.　B.　　　2. A.　B.　　　3. A.　B.
4. A.　B.　　　5. A.　B.

课文一　Kèwén yī

一　词语　Vocabulary

旅游手册	lǚyóu shǒucè		tourist guide	여행수첩	ガイドブック
钥匙	yàoshi	（名）	key	열쇠	鍵、キー
桂林	Guìlín	（名）	Guilin	계림	桂林
甲	jiǎ	（动）	the first of	첫번째	最高と認められる

二　练习　Exercise

(一) 听课文，选择正确答案　Listen and choose the correct answer

1. A.　B.　C.　　　2. A.　B.　C.　　　3. A.　B.　C.
4. A.　B.　C.　　　5. A.　B.　C.

(二) 再听一遍课文，边听边填空 Listen again and fill in the blanks while listening

金大永想借丽莎的_____看看，可是_____哈利借去了。金大永打算去_____借，他想_____去图书馆，他借_____的自行车，自行车钥匙被丽莎放在_____了，丽莎上去拿。丽莎问金大永借《旅游手册》干什么？金大永说他可能要去_____旅游，想看看旅游_____。丽莎说"桂林_____甲天下"，_____去看看。

一 词语 Vocabulary

弄	nòng	（动）	make	하다;행하다;만들다	いじる、いじくる
快门	kuàimén	（名）	shutter	(카메라의)셔터	(カメラの)シャッター
摔	shuāi	（动）	fall; tumble	떨어뜨려 부수다	落ちて壊れる
糟糕	zāogāo	（形）	too bad	아뿔싸	たいへんだ！しまった！
修	xiū	（动）	repair;mend	수리하다	修理する

117

练习 Exercise

(一) 听两遍课文辨别对错　Listen twice and identify the right and the wrong statements

1. (　　)　　2. (　　)　　3. (　　)　　4. (　　)
5. (　　)　　6. (　　)　　7. (　　)　　8. (　　)

(二) 再听一遍，复述课文内容　Listen again and retell the main content

单元练习(九)

一、听句子,从 A、B 两句中选出恰当的回答 Listen to the sentences, then choose the proper answer

1. A. 金大永常迟到。
   B. 金大永今天没迟到。

2. A. 丽莎想以后去苏州看看。
   B. 丽莎没空去苏州。

3. A. 昨天他买了一本新书。
   B. 昨天他买一本词典。

4. A. 周末我想去运动。
   B. 周末我想去看动物。

5. A. 马克不会汉语。
   B. 马克会一点汉语。

6. A. 我的手机坏了。
   B. 我把手机弄丢了。

二、听短文,听后选择正确答案 Listen and identify the right and the wrong statements

1. A. 首尔　　B. 北京　　C. 首都　　D. 上海

2. A. 中国菜　B. 天气　　C. 名胜古迹　D. 学习汉语

3. A. 工作	B. 旅游	C. 学习	D. 天气
4. A. 说得很好	B. 会说一些	C. 不会说	D. 不知道
5. A. 四个月以后	B. 半年以后	C. 一年以后	D. 一年半以后

三、再听一遍短文，写出主要内容   Listen again and write the main content

_____

第二十八课 Dì-èrshíbā kè

Chúle sīchóu yǐwài, hái yǒu shénme yǒumíng de
除了丝绸以外，还有什么有名的

句子练习 Jùzi liànxí

一、跟读，注意句子的语音、语调 Listen and imitate, pay attention to the phonetics and tones

1. 桌子上放着很多书。
   门前种着一棵树。
   黑板上写着很多汉字。

2. 除了丝绸以外，还有什么有名的？
   除了汉语声调以外，还有什么比较难的？
   除了杭州以外，还有什么好玩儿的地方？

3. 不是在桌子上放着吗？
   不是在地上摆着吗？
   不是在箱子里放着吗？

4. 还是穿着吧。
   还是躺着吧。
   还是跑着去学校吧。

5. 我想在苏州买点儿礼物带回去。
   她要在宿舍做点儿菜送过来。
   小王想在书店买本词典带回国。

二、听句子,辨别对错 Listen to the sentences, then identify the right and the wrong statements

1. (　)　2. (　)　3. (　)　4. (　)　5. (　)
6. (　)　7. (　)　8. (　)　9. (　)　10. (　)

课文一　Kèwén yī

词语　Vocabulary

巧	qiǎo	（形）	opportune luckily	공교롭다	折すく
语音	yǔyīn	（名）	phonetic	발음	音声、発音
扇子	shànzi	（名）	fan	부채	扇子

练习　Exercise

（一）听两遍课文,选择正确答案 Listen twice and choose the correct answers

1. A.　B.　　2. A.　B.　　3. A.　B.
4. A.　B.　　5. A.　B.　　6. A.　B.

（二）再听一遍,根据课文内容填空 Listen again, then fill in the the blanks according to the text

1. 唐老师大学毕业以后在_____工作。
2. 丽莎觉得汉语的_____很难学。
3. 唐老师告诉丽莎,学习汉语要_____。

第二十八课　除了丝绸以外，还有什么有名的

课文二　Kèwén èr

词语　Vocabulary

恐怕　kǒngpà　（副）　afraid; perhaps　두려워하다; 아마도　おそらく

练习　Exercise

（一）听两遍课文辨别对错　Listen twice, then identify the right and the wrong statements

1. (　　)　　2. (　　)　　3. (　　)
4. (　　)　　5. (　　)　　6. (　　)

（二）再听一遍课文，口头回答问题　Listen again, then answer the questions orally

1.　　2.　　3.　　4.　　5.

泛听练习　Fàntīng liànxí

一、听两遍短文，听后选图　Listen twice and choose the pictures

图1

图2

图3

图1是_____的房间

图2是_____的房间

图3是_____的房间

二、听两遍短文，听后复述　Listen twice and retell the main content

第二十九课
Dì-èrshíjiǔ kè

Cài dōu ràng tā chīguāng le
菜都让他吃光了

句子练习 Jùzi liànxí

一、跟读，注意句子的语音、语调 Listen and imitate, pay attention to the phonetics and tones

1. 这样吃着饭聊着天，真好。
   这样听着音乐做作业，不好。
   这样看着电视吃饭，对身体不好。

2. 我们这里好吃的多着呢。
   这个商店的东西多着呢。
   北京的冬天冷着呢。

3. 这个饭馆儿不但环境好，而且菜也很好吃。
   这个商店不但东西多，而且价钱很便宜。
   我不但会唱英文歌，而且唱得很好。

4. 菜都让他吃光了。
   钱包让小偷偷走了。
   衣服让他洗破了。

5. 不是还有土豆和汤吗？
   不是还有作业吗？
   不是还在下雨吗？

二、听句子，辨别对错　Listen to the sentences, then identify the right and the wrong statements

1. (　　)　　2. (　　)　　3. (　　)　　4. (　　)　　5. (　　)
6. (　　)　　7. (　　)　　8. (　　)　　9. (　　)　　10. (　　)

课文一　Kèwén yī

词语　Vocabulary

请客	qǐng kè		invite	초대하다, 한턱내다	ごちそうする、招待する
糖醋鱼	tángcùyú	（名）	suger-vinegar fish	식초, 설탕을 넣어 만든 생선요리	魚の甘酢かけ
土豆	tǔdòu	（名）	potato	감자	ジャガイモ

练习　Exercise

（一）听两遍课文，选择正确答案　Listen twice and choose the correct answers

1. A.　B.　C.　　2. A.　B.　C.　　3. A.　B.　C.
4. A.　B.　C.　　5. A.　B.　C.　　6. A.　B.

第二十九课　菜都让他吃光了

(二) 再听一遍，根据课文内容填空　Listen again, then fill in the the blanks according to the text

1. 这个饭馆好吃的菜_____。

2. 这个饭馆不但_____，而且_____。

3. 他们一边吃，一边_____。

课文二　Kèwén èr

一　词语　Vocabulary

| 环境 | huánjìng | (名) | circumstance; environment | 환경 | 環境 |

| 泡菜 | pàocài | (名) | pickled vegetable | 김치 | 中国風漬物 |

二　练习　Exercise

(一) 听两遍课文辨别对错　Listen twice, then identify the right and the wrong statements

1. (　　)　　2. (　　)　　3. (　　)

4. (　　)　　5. (　　)　　6. (　　)

(二) 再听一遍课文，口头回答问题　Listen again, then answer the questions orally

1.　　2.　　3.　　4.　　5.

127

泛听练习　　Fàntīng liànxí

一、听两遍短文，听后口头回答问题　Listen twice, then answer the questions orally

1.　　2.　　3.　　4.　　5.　　6.

二、再听两遍，听后复述　Listen again and retell the main content

三、听两遍短文，听后填表　Listen twice and fill in the form

用"→"标出他们出去旅游的时间，并填完表中空格　Using "→" to show their schedule and fill in the form

	去的地方	星期一	星期二	星期三	星期四	星期五	星期六	星期日	工具
金大永	东北	→	→	→	→	→	→		飞机
哈利									
黄佳佳									
芳子									

Dì-sānshí kè
第三十课

Wǒ jiāxiāng de tiānqì
我家乡的天气
hé Shànghǎi chàbuduō
和上海差不多

句子练习　Jùzi liànxí

一、跟读，注意句子的语音、语调　Listen and imitate, pay attention to the phonetics and tones

1. 我最喜欢冬天。
   他最喜欢春天。
   我妈妈最喜欢秋天。

2. 我家乡的天气和上海差不多。
   我的汉语水平和你差不多。
   今天和昨天的温度差不多。

3. 春天可以划船。
   夏天可以游泳。
   秋天可以爬山。
   冬天可以滑雪。

4. 春天暖和，常常刮风。
   夏天不热，但是常常下雨。
   冬天很冷，也常常下雪。

5. 我的爱好和你的一样。
   我家乡的天气和这里一样。
   我的词典和他的一样。

二、听句子，辨别对错 Listen to the sentences, then identify the right and the wrong statements

1. (   )   2. (   )   3. (   )
4. (   )   5. (   )   6. (   )

课文一 Kèwén yī

词语 Vocabulary

| 滑雪 | huáxuě | （动） | ski | 스키타다 | スキーをする |

练习 Exercise

(一) 听两遍课文，选择正确答案 Listen twice and choose the correct answers

1. A. B. C. D.   2. A. B. C. D.
3. A. B. C. D.   4. A. B. C. D.
5. A. B. C. D.   6. A. B. C. D.

(二) 再听一遍课文，口头回答问题 Listen again and answer the questions orally

1.   2.   3.   4.   5.   6.   7.

第三十课　我家乡的天气和上海差不多

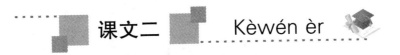

词语　Vocabulary

书城	shūchéng	（名）	book city	서점	書店
交通	jiāotōng	（名）	traffic; transportation	교통	交通
人民广场	Rénmín Guǎngchǎng		People Square	인민광장(지명)	人民広場(道路名)
福州路	Fúzhōu Lù		Fuzhou Road	봉수로(도로명)	福州路(道路名)
对面	duìmiàn	（名）	opposite side	반대편 맞은편	真向かい
文化街	Wénhuà Jiē		culture street	문한가(도로명)	文化街(道路名)

练习　Exercise

（一）听两遍课文辨别对错　Listen twice, then identify the right and the wrong statements

1.（　）　2.（　）　3.（　）　4.（　）　5.（　）
6.（　）　7.（　）　8.（　）　9.（　）　10.（　）

（二）再听一遍，复述主要内容　Listen again and retell the main content

单元练习（十）

一、听句子，选择正确答案 Listen to the sentences and choose the correct answer after listening

1. A. 教室　　　　　　B. 医院　　　　　　C. 餐厅
2. A. 书店　　　　　　B. 餐厅　　　　　　C. 商店
3. A. 两口　　　　　　B. 三口　　　　　　C. 四口
4. A. 周六　　　　　　B. 周日　　　　　　C. 周六和周日
5. A. 很近　　　　　　B. 不太远　　　　　　C. 很远
6. A. 三片　　　　　　B. 两片　　　　　　C. 六片
7. A. 在下雨　　　　　　B. 不下雨了　　　　　　C. 阴天
8. A. 不想吃东西　　　　B. 不喜欢吃东西　　　　C. 很饿
9. A. 很漂亮　　　　　　B. 天气很好　　　　　　C. 不下雨
10. A. 太累了　　　　　　B. 吃得太少了　　　　　　C. 穿得太少了

二、听短文，听后选择正确答案 Listen to the passages and choose the correct answer

1. A. 前天晚上　　　　　B. 昨天晚上　　　　　　C. 今天晚上
2. A. 校里餐厅　　　　　B. 桃李餐厅　　　　　　C. 吉利餐厅

3. A. 两个菜　　　　　　B. 三个菜　　　　　　C. 四个菜

4. A. 做中国菜很慢　　　B. 客人比较多　　　　C. 菜的味道很好

5. A. 10 分钟　　　　　B. 20 分钟　　　　　C. 30 分钟

6. A. 上菜太慢了　　　　B. 服务员态度不好　　C. 菜的味道不好

生词总表

A
| 安排 | ānpái | (动) | 26 |
| 安全 | ānquán | (形) | 15 |

B
白	Bái		7
搬	bān	(动)	20
北京	Běijīng		7
比价	bǐjià	(名)	25
宾馆	bīnguǎn	(名)	14
博物馆	bówùguǎn	(名)	8
不过	búguò	(连)	8
布置	bùzhì	(动)	20
部	bù	(名)	7

C
彩灯	cǎidēng	(名)	20
层	céng	(量)	10
茶	chá	(名)	13
差得远	chàdeyuǎn		19
车站	chēzhàn	(名)	8
成绩	chéngjì	(名)	25
迟到	chídào	(动)	12
出发	chūfā	(动)	14
船	chuán	(名)	15
词典	cídiǎn	(名)	9

D
打针	dǎ zhēn		21
大便	dàbiàn	(名)	22
大概	dàgài	(副)	15
蛋糕	dàngāo	(名)	11
当然	dāngrán	(副)	15
导游	dǎoyóu	(名)	26
等	děng	(动)	8
地铁	dìtiě	(名)	8
地图	dìtú	(名)	9
动物园	dòngwùyuán	(名)	13
读写课	dúxiěkè	(名)	25
肚子	dùzi	(名)	12
度	dù	(量)	21
对面	duìmiàn	(名)	30

F
发烧	fā shāo	(动)	12
方便	fāngbiàn	(形)	19
分	fēn	(名)	25
风景	fēngjǐng	(名)	20
风景区	fēngjǐngqū	(名)	15
福州路	Fúzhōu Lù		30
复习	fùxí	(动)	18

G

感觉	gǎnjué	（名、动）	20
感冒	gǎnmào	（动）	21
感兴趣	gǎn xìngqu		17
告诉	gàosu	（动）	9
更	gèng	（副）	15
公共汽车	gōnggòng qìchē		13
够	gòu	（形）	20
古迹	gǔjì	（名）	26
挂号	guà hào		22
拐	guǎi	（动）	10
逛街	guàng jiē		19
桂林	Guìlín	（名）	27

H

杭州	Hángzhōu		13
好看	hǎokàn	（形）	24
好玩儿	hǎowánr	（形）	15
号码	hàomǎ	（名）	14
合适	héshì	（形）	24
滑雪	huáxuě	（动）	30
化验	huàyàn	（动）	22
划（船）	huá (chuán)	（动）	15
淮海路	Huáihǎi Lù		19
坏	huài	（形）	18
环境	huánjìng	（名）	29

J

集合	jíhé	（动）	14
继续	jìxù	（动）	12
家乡	jiāxiāng	（名）	24
甲	jiǎ	（动）	27
交通	jiāotōng	（名）	30
结婚	jié hūn		24
借	jiè	（动）	16
景点	jǐngdiǎn	（名）	16
橘子	júzi	（名）	18
觉得	juéde	（动）	13

K

咖啡	kāfēi	（名）	13
科	kē	（名）	22
可能	kěnéng	（副）	17
空儿	kòngr	（名）	9
空气	kōngqì	（名）	17
恐怕	kǒngpà	（副）	28
快门	kuàimén	（名）	27

L

拉	lā	（动）	22
老大	lǎodà	（名）	26
礼物	lǐwù	（名）	11, 20
厉害	lìhai	（形）	21
脸色	liǎnsè	（名）	21
量	liáng	（动）	21
留	liú	（动）	20
录音	lùyīn	（名）	25
路	lù	（量）	10

| 旅行包 | lǚxíngbāo | （名） | 16 |
| 旅游手册 | lǚyóu shǒucè | | 27 |

M

满意	mǎnyì	（形）	19
毛巾	máojīn	（名）	10
美元	měiyuán	（名）	25
门口	ménkǒu	（名）	14
面包	miànbāo	（名）	10
面条	miàntiáo	（名）	23
名胜	míngshèng	（名）	26

N

哪儿	nǎr	（代）	19
南京路	Nánjīng Lù		19
难受	nánshòu	（形）	22
内科	nèikē	（名）	22
牛奶	niúnǎi	（名）	10
弄	nòng	（动）	27
弄错	nòngcuò		23
努力	nǔlì	（形）	25
暖和	nuǎnhuo	（形）	24

P

爬山	pá shān		17
拍	pāi	（动）	15
旁边	pángbiān	（名）	8
泡菜	pàocài	（名）	29
陪	péi	（动）	17
浦东	Pǔdōng		11

Q

骑	qí	（动）	13
巧	qiǎo	（形）	28
晴天	qíngtiān	（名）	20
请假	qǐng jià	（动）	12
请客	qǐng kè		29
取	qǔ	（动）	25
全家	quán jiā		26

R

人民广场	Rénmín		30
认真	rènzhēn	（形）	24
容易	róngyì	（形）	23

S

散步	sàn bù	（动）	13
嗓子	sǎngzi	（名）	21
扇子	shànzi	（名）	28
上海	Shànghǎi		7
圣诞	Shèngdàn	（名）	20
售货员	shòuhuòyuán	（名）	9
书城	shūchéng	（名）	30
书店	shūdiàn	（名）	9
书法	shūfǎ	（名）	24
舒服	shūfu	（形）	12
摔	shuāi	（动）	27
帅	shuài	（形）	24
水果	shuǐguǒ	（名）	14
四川菜	Sìchuāncài		23

送	sòng	（动）	12
苏州	Sūzhōu		13
宿舍楼	sùshèlóu	（名）	71

T

糖	táng	（名）	23
糖醋鱼	tángcùyú	（名）	29
特别	tèbié	（副）	23
疼	téng	（动）	12
提醒	tíxǐng	（动）	20
体温	tǐwēn	（名）	21
体温表	tǐwēnbiǎo	（名）	21
贴	tiē	（动）	20
同意	tóngyì	（动）	17
土豆	tǔdòu	（名）	29

W

外滩	Wàitān		11
往	wǎng	（介）	10
文化街	Wénhuà Jiē		30

X

西安	Xī'ān		26
西湖	Xīhú		13
先……再	xiān…zài	（连）	10
校区	xiàoqū	（名）	7
鞋	xié	（名）	18
写作	xiězuò	（动）	25
心意	xīnyì	（名）	23
幸福	xìngfú	（形）	24
修	xiū	（动）	27
徐家汇	Xújiāhuì		8
雪	xuě	（动）	15

Y

牙刷	yáshuā	（名）	14
盐	yán	（名）	23
颜色	yánsè	（名）	16
样子	yàngzi	（名）	16
一定	yídìng	（副）	15
一直	yìzhí	（副）	10
医院	yīyuàn	（名）	12
饮料	yǐnliào	（名）	10
应该	yīnggāi	（动）	14
有名	yǒumíng	（形）	13
有意思	yǒu yìsi		13
语音	yǔyīn	（名）	28
豫园	Yùyuán		11
园林	yuánlín	（名）	13
钥匙	yàoshi	（名）	27

Z

糟糕	zāogāo	（形）	27
照相机	zhàoxiàngjī	（名）	14
周末	zhōumò	（名）	11
注意	zhùyì	（动）	15
自行车	zìxíngchē	（名）	13
最好	zuìhǎo	（副）	13
最近	zuìjìn	（名）	9

北大版对外汉语教材・基础教程系列

风光汉语
初级听力 I

听力文本与参考答案

丛书主编　齐沪扬　张新明

吴　颖　蔡　瑱　编著

目 录

第 一 课	你好	1
第 二 课	我很好	3
第 三 课	办公室在哪儿	5

单元练习(一) ... 7

第 四 课	你身体好吗	8
第 五 课	他在那儿做作业	11
第 六 课	他最近很忙	13

单元练习(二) ... 15

第 七 课	这是我的老师	17
第 八 课	我在这儿等他	21
第 九 课	来我家玩儿吧	26

单元练习(三) ... 30

第 十 课	你可以坐43路公共汽车	32
第 十一 课	你周末去哪儿了	36
第 十二 课	你应该早点儿来	41

单元练习(四) ... 44

第 十三 课	你喝咖啡还是喝茶	46
第 十四 课	哈利去杭州旅游	50
第 十五 课	西湖很美	54

单元练习(五) ... 57

第十六课	可以借我用一下儿吗	60
第十七课	咱们去公园怎么样	65
第十八课	就要考试了	70
单元练习(六)		73
第十九课	学了两个月的汉语了	75
第二十课	别把手机放在桌子上	80
第二十一课	我是一点钟吃的药	84
单元练习(七)		87
第二十二课	我什么都不想吃	89
第二十三课	这菜做得真好吃	93
第二十四课	你看得懂吗	98
单元练习(八)		101
第二十五课	她把书都放在书架上	103
第二十六课	我把照片带来了	107
第二十七课	《旅游手册》被哈利借去了	111
单元练习(九)		114
第二十八课	除了丝绸以外，还有什么有名的	116
第二十九课	菜都让他吃光了	121
第三十课	我家乡的天气和上海差不多	126
单元练习(十)		130
汉语拼音总表		132

第一课 你好

一、韵母

   （二）画出听到的韵母

      1. ō   2. á   3. ǚ   4. ǎ   5. ē   6. ī   7. è   8. ǔ

二、声母

   （二）画出听到的音节

      1. pā   2. bó   3. tǔ   4. nǚ

      5. dǐ   6. má   7. pù   8. tè

   （三）填声母

      1. b ā   2. f ó   3. n ǐ   4. d é

      5. p ǔ   6. l ǘ   7. m ì   8. t è

三、练习

   （一）画出听到的音节

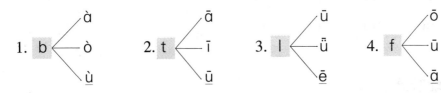

   （二）在表中相应的位置写出听到的音节的序号

      1. dé   2. bì   3. pá   4. mō   5. nǚ   6. fú   7. wú   8. tǐ

      9. dà   10. bō   11. pǔ   12. mì   13. nù   14. lè   15. yǔ   16. lǐ

注：凡出现 🎧 符号表示 MP3 里有本题录音文本。

	a	o	e	i	u	ü
b		10		2		
p	3				11	
m		4		12		
f					6	
d	9		1			
t				8		
n					13	5
l			14	16		
					7	15

（三）画出听到的音节，注意声调

1. dǐ 2. pó
3. mú 4. tù
5. ná 6. pǐ

（四）填声调

yù mī pà dé
nǚ nú bó tù

四、你也能听懂

1. Nǐ hǎo! Tā shì wǒ gēge.　　1. 你好！他是我哥哥。
2. Nǐ hǎo! Wǒ shì tā dìdi.　　2. 你好！我是他弟弟。

第二课　我很好

一、韵母

（二）辨别韵母

1. 画出听到的音节

(1) k<u>āi</u>　　(2) h<u>ái</u>　　(3) g<u>ēn</u>　　(4) h<u>ē</u>

(5) k<u>ǎo</u>　　(6) g<u>āi</u>　　(7) j<u>iān</u>　　(8) q<u>iāng</u>

2. 填写韵母

(1) h<u>ái</u>　(2) h<u>ēi</u>　(3) k<u>ǎo</u>　(4) k<u>āi</u>　(5) h<u>òu</u>　(6) g<u>āi</u>

(7) g<u>ǒu</u>　(8) g<u>ěi</u>　(9) x<u>iǎo</u>　(10) t<u>iān</u>　(11) f<u>ēi</u>　(12) q<u>iáng</u>

二、声母

（二）填写声母

1. <u>k</u>ēi　　2. <u>h</u>ān　　3. <u>g</u>ū　　4. <u>h</u>āo　　5. <u>g</u>ē

6. <u>k</u>ā　　7. <u>g</u>āi　　8. <u>h</u>ōu　　9. <u>k</u>ū　　10. <u>j</u>iā

11. <u>q</u>ū　　12. <u>x</u>iāo　　13. <u>x</u>ī　　14. <u>q</u>iāng　　15. <u>j</u>ū

（三）在表中相应的位置写出听到的音节的序号

1. gěi　2. jiāng　3. hái　4. gǎi　5. kào　6. jiā　7. hǎo　8. gāo

9. xiǎn　10. hēi　11. qiáng　12. xiū　13. gòu　14. kǎi　15. jiāo

	ai	ei	ao	ou	ia	ian	iang	iao	iou
g	4	1	8	13					
k	14		5						
h	3	10	7						

续表

	ai	ei	ao	ou	ia	ian	iang	iao	iou
j						6	2	15	
q							11		
x						9			12

(四) 听写音节

(请几个学生到黑板上写，其他学生判断正误)

1. hēi 2. gǎi 3. hǎo 4. kòu

5. gāo 6. hái 7. fēi 8. gěi

9. qù 10. jiāo 11. xiū 12. jù

13. qī 14. qiā 15. jiàn 16. xiǎng

三、声调

(二) 填写声调

1. kěn 2. gāi 3. hái 4. hào

5. nǐ 6. yě 7. mā 8. jiào

9. hái hǎo 10. hěn hǎo 11. hǎo kāi 12. gāi gěi

四、你也能听懂

1. A: Nǐ zuìjìn hǎo ma?

B: Wǒ hěn hǎo. Nǐ ne?

A: Wǒ yě hěn hǎo. Nǐ māma hǎo ma?

B: Hái kěyǐ. Xièxie.

2. A: Wǒ jiào Táng Huá. Nǐmen ne?

B: Wǒ jiào Hālì, tā jiào Jīn Dàyǒng.

1. A：你最近好吗？

B：我很好。你呢？

A：我也很好。你妈妈好吗？

B：还可以。谢谢。

2. A：我叫唐华。你们呢？

B：我叫哈利，他叫金大永。

第三课　办公室在哪儿

一、韵母

（二）辨别韵母

1. 画出听到的音节

    (1) tīng　　　(2) miào　　　(3) liǎo

    (4) xīng　　　(5) biē　　　 (6) pīng

    (7) qīn　　　 (8) jiě　　　 (9) xiōng

2. 填写韵母

    (1) jiě　　　(2) lín　　　(3) tīng　　　(4) bīn

    (5) qióng　　(6) xiǎo　　 (7) xiè　　　 (8) pīng

    (9) biē　　　(10) xiōng　 (11) nóng　　 (12) diàn

3. 在表中相应的位置写出听到的音节的序号

    (1) piě　　(2) miè　　(3) bìng　　(4) nín　　(5) liǎng　　(6) niú

    (7) xióng　(8) jiàn　　(9) mín　　(10) qióng　(11) jiǎng　(12) mián

	ie	in	ing	iong	ian	iang	iu
b			3				
p	1						
m	2	9			12		
n		4					6
l						5	
j					8	11	

续表

	ie	in	ing	iong	ian	iang	iu
q				10			
x				7			

二、你也能听懂

1. A: Qǐngwèn, bàngōngshì zài <u>nǎr</u>?
   B: <u>Zài</u> èr lóu. Nǐ shì <u>xuésheng</u> ma?
   A: <u>Duì</u>, wǒ shì xuésheng. <u>Nín</u> shì lǎoshī ma?
   B: <u>Duì</u>, wǒ shì zhèr de <u>lǎoshī</u>.

2. A: Nǐ <u>yǒu</u> jiějie ma?
   B: Wǒ <u>méiyǒu</u> jiějie. Wǒ <u>yǒu</u> <u>yí</u> ge gēge.

1. A：请问，办公室在哪儿？
   B：在二楼，你是学生吗？
   A：对，我是学生，您是老师吗？
   B：对，我是这儿的老师。

2. A：你有姐姐吗？
   B：我没有姐姐。我有一个哥哥。

单元练习（一）

一、画出听到的音节

1. gù
2. bō
3. lǚ
4. gā
5. rù
6. nǐ
7. jī
8. bò
9. xú
10. mǐn
11. pāo
12. jiā
13. nǎi
14. kāi
15. gǒu
16. niú
17. cāo
18. qià
19. tài
20. jiào
21. qiū
22. lài
23. pèi
24. niào
25. jiā
26. qiū
27. qiè
28. nóng
29. jiǒng
30. xīn

二、填写声母

1. g_āi
2. p_āi
3. l_ēi
4. k_ān
5. n_iē
6. t_ōu
7. tèwu
8. biǎoshuài
9. mùtou
10. pèihé
11. nǔlì
12. qiánbāo
13. xiàohua
14. qióngrén
15. píjiǔ
16. jiāodài
17. xiūjià
18. míngbai

三、填写韵母并标出声调

1. húbiān
2. dàlù
3. xiūjià
4. huàxiàng
5. jiǔbǎi
6. jiēdì
7. xià kè
8. hòulái
9. jiàqī
10. hàipà
11. xiānjìn
12. hòuhǎi

第四课　你身体好吗

一、韵母

（二）辨别韵母

1. 画出听到的音节

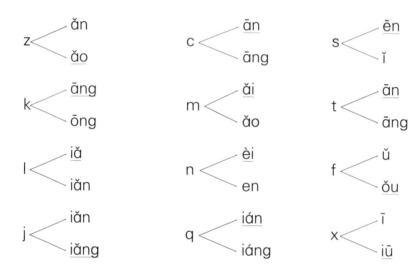

2. 填写韵母

(1) mèn　　(2) náng　　(3) kōu　　(4) gòng

(5) lǎo　　(6) fǒu　　(7) kāi　　(8) liǎng

(9) děng　　(10) piáo　　(11) nán　　(12) pōu

(13) xiū　　(14) lěng　　(15) qián　　(16) máng

二、声母

（二）在表中相应的位置写出听到的音节的序号

1. cān　　2. sài　　3. cèng　　4. děi　　5. fēn

6. tóng　　7. nán　　8. lěng　　9. sān　　10. dǎo

11. nèn　　12. zàn　　13. sǎo　　14. lóu　　15. fēi

第四课 你身体好吗

	ai	ei	ao	ou	an	en	ang	eng	ong
z					12				
c					1			3	
s	2		13		9				
f		15				5			
d		4		10					
t									6
n					7	11			
l				14				8	

三、声调

（二）填写声调

1. kǒu   2. gǎo   3. hòu   4. máo
5. nǎo   6. dēng   7. xiū   8. tàng
9. tōu pǎo   10. gòu gāo   11. máoní
12. nǎohuǒ   13. dōu hǎo   14. hēidòng
15. jiāoqì   16. dōngxī   17. xiāoqiǎn

（三）填写韵母并标出声调

1. fángjiān   2. táifēng   3. gǎndòng
4. cānglǎo   5. téngfēi   6. nóngjiā
7. tōngxiāo   8. làngjiān   9. kāimén

四、音节

（一）画出听到的音节

1. gǎ   2. jǐ   3. bō
4. mén   5. pōu   6. hǎn
7. nài   8. lài   9. gǒu
10. máng   11. cōng   12. qiā
13. gù   14. bō   15. lǚ

16. gǎi	17. rù	18. nǐ
19. tài	20. jiāo	21. qiū
22. gàn	23. pèi	24. niáng
25. qiā	26. qiū	27. nóng

(二) 听写音节

(请几个学生到黑板上写，其他学生判断正误)

1. hóu	2. bǎi	3. pēn	4. nàn
5. dēi	6. tóu	7. kǎo	8. lào
9. nòng	10. máng	11. fēng	12. tāng

五、你也能听懂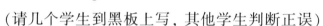

1. A：Nǐmen hǎo.
   B: Lǎoshī hǎo.

2. A：Nǐmen dōu hǎo ma?
   B: Wǒmen dōu hěn hǎo.

3. A：Nǐ shēntǐ hǎo ma?
   B: Wǒ shēntǐ hái kěyǐ. Nǐ ne?
   A: Wǒ bú tài hǎo.

1. A：你们好。
   B：老师好。

2. A：你们都好吗？
   B：我们都很好。

3. A：你身体好吗？
   B：我身体还可以。你呢？
   A：我不太好。

第五课　他在那儿做作业

一、韵母

（二）辨别韵母

1. 画出听到的音节

   (1) zhuō　　(2) ruì　　(3) gùn

   (4) wèn　　(5) shuō　　(6) chuāng

2. 填写韵母

   (1) zhuā　　(2) chuāi　　(3) kūn　　(4) ruò

   (5) shuǐ　　(6) huāng　　(7) zuì　　(8) shùn

二、声母

（二）填写声母

1. zhā　　2. chē　　3. shě　　4 rì

5. shān　　6. sāng　　7. zhùsù　　8. zōngzhǐ

9. rènshi　　10. cāochǎng　　11. shǎoshù

12. chóurén　　13. zhǐshì　　14. zīshì

三、音节

（二）在表中相应的位置写出听到的音节的序号

1. zhuō　　2. chuài　　3. shuǐ　　4. zhǔn　　5. chuáng

6. wēng　　7. shuā　　8. wǒ　　9. wéi　　10. ruò

11. shǔn　　12. zhuī　　13. wèn　　14. zhuǎ

	ua	uo	uai	uei(-ui)	uen(-un)	uang	ueng
zh	14	1		12	4		
ch			2			5	
sh	7			3	11		
r		10					
		8		9	13		6

（三）辨音（和听到的音节一样的画"√"，不一样的画"×"）

1. zūnjìn　　　　（×）　　　2. zhuāngjia　　　（√）
3. zhǔnzé　　　　（×）　　　4. chuāngshāng　（√）
5. kuòchuò　　　（√）　　　6. huóshuǐ　　　　（×）
7. chuǎnqì　　　（×）　　　8. huáihèn　　　　（√）
9. zhǐshì　　　　（√）　　　10. yídùn　　　　　（×）
11. wǎngzhǐ　　（√）　　　12. huánghuār　　（√）

四、声调

填写声调

1. wēnnuǎn　　2. zhuōbù　　3. shuìjiào　　4. wénhuà
5. shuǐgāng　　6. ruǎnruò　　7. chuàngzào　　8. chūntiān

五、你也能听懂

Tā zhùzai wàibīn lóu (building). Tā shuō tā xǐhuan (like) wàibīn lóu. Tā xǐhuan(like) zài nàr zuò zuòyè.

他住在外宾楼。他说他喜欢外宾楼。他喜欢在那儿做作业。

第六课　他最近很忙

一、韵母

（二）辨别韵母

1. 画出听到的音节

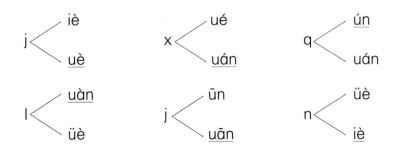

2. 填写韵母

(1) x__ué__　　(2) n__uǎn__　　(3) j__ūn__　　(4) q__ù__

(5) y__ūn__　　(6) n__üè__　　(7) z__uǐ__　　(8) l__ù__

(9) d__ùn__　　(10) t__iān__　　(11) h__uáng__　　(12) ch__ōng__

3. 在表中相应的位置写出听到的音节的序号

1. quán　　2. jūn　　3. nüè　　4. luán　　5. lùn

6. jué　　7. quē　　8. xuàn　　9. xùn　　10. luè

	üe (ue)	üan (uan)	ün (un)
j	6		2
q	7	1	
x		8	9
n	3		
l	10	4	5

二、声调

（一）填写声调

1. xuéyuàn　　2. yuēhuì　　3. báiyún　　4. yuányuè

5. yuèguāng　　6. nüèdài　　7. quēsǔn　　8. hūlüè

（二）给句子填声调，然后朗读

1. Wǒmen shì Duìwài Hànyǔ Xuéyuàn de liúxuéshēng.
   我们是对外汉语学院的留学生。

2. Shèngdàn Jié de shíhou, wǒ hěn xiǎng jiā.
   圣诞节的时候，我很想家。

3. Tā zuìjìn hěn máng, méiyǒu kòngr qù gōngyuán wánr.
   他最近很忙，没有空儿去公园玩儿。

三、听句子，口头回答问题

1. 丽莎在对外汉语学院学习汉语，她想爸爸妈妈。
   问：丽莎在哪儿？她学习什么？她想谁？

2. 明天星期六，丽莎和金大永去看电影。
   问：他们去做什么？哪天去？

3. 李阳有一个哥哥，他是老师。
   问：李阳有哥哥吗？他是做什么的？

单元练习（二）

一、把听到的音节的声母和韵母用直线连起来

shuān zhuāng chū ruò jǐng zǒu gěi qiāo yuè cān

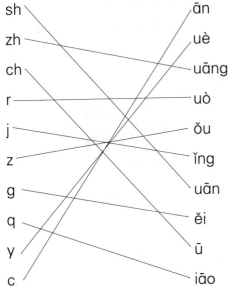

二、画出听到的音节

1. cū   2. shā   3. nüè
4. yuàn   5. guā   6. mǐ
7. juè   8. gùn   9. qún
10. zhuāi   11. pēn   12. shuāng
13. shuā   14. rùn   15. gāng
16. xìng   17. chuāi   18. duì
19. zài   20. nǐ   21. dēng
22. bànlǔ   23. róngyù   24. dìdao
25. qūbié   26. jiāoqì   27. léidiàn

28. dōngxī 29. qīngjìng 30. quézi

三、填写声母

1. shāi 2. juē 3. wèn
4. zhān 5. wài 6. lèi
7. zhùzhá 8. chóurén 9. réngrán
10. shuā yá 11. zhǔyi 12. huáiniàn

四、填写韵母并标出声调

1. diàntī 2. zǔzhǐ 3. cānshù
4. guānggùn 5. pǎobù 6. juédìng
7. xuǎndān 8. rùnyuè 9. jiàqǔ
10. juéjiàng 11. qúnzhòng 12. hānhòu

第七课 这是我的老师

语音练习

一、请划出听到的音节

1. <u>shāngdiàn</u>   2. <u>shūjià</u>   3. <u>jíjí</u>

4. <u>méiyǒu</u>   5. <u>chīfàn</u>   6. <u>jiàoshì</u>

7. <u>quēxí</u>   8. <u>dàjiā</u>

二、听写音节

1. xuéxí   2. bàngōngshì   3. Hànyǔ   4. rènshi

5. A：Nǐmen de <u>lǎoshī</u> shì <u>shéi</u>?

   B：Wǒmen de <u>lǎoshī</u> <u>jiào</u> Táng Huá.

句子练习

二、听句子,从 A、B 两句中选出恰当的回答

1. 你叫什么名字?
   A. 我叫唐华。   B. 我姓唐。   答案：A

2. 你看,这是我的老师。
   A. 我学习汉语。   B. 我认识他。   答案：B

3. 你有弟弟吗?
   A. 我没有弟弟。   B. 他是留学生。   答案：A

4. 你学习什么?
   A. 汉语很难。   B. 我学习汉语。   答案：B

5. 我去餐厅吃饭。你呢?
   A. 我也去。   B. 我不喝茶。   答案：A

6. 我去五号楼。
   A. 你去做什么？　　　　　　B. 我姓张。　　　　　　答案：A
7. 你们的听力老师是谁？
   A. 我们的口语老师是唐老师。　B. 白老师是我们的听力老师。　答案：B
8. 你去哪儿？
   A. 我去图书馆。　　　　　　B. 我要那本书。　　　　答案：A
9. 请问，您买什么？
   A. 我要一杯可乐。　　　　　B. 一共二十一块七。　　答案：A
10. 他是谁？
    A. 他去看电影。　　　　　　B. 他是我朋友。　　　　答案：B

课文一

▶▶（在宿舍看照片）

金大永： 丽莎，你看，这是我的老师，唐老师。

丽　莎： 你的老师是北京人吗？

金大永： 不，他不是北京人，他是上海人。

丽　莎： 哦！他是你的听力老师吗？

金大永： 不是，他是我们的口语老师。

丽　莎： 那……，你们的听力老师是谁？

金大永： 是白老师。

丽　莎： 我不认识。

二、练习

（一）听两遍课文辨别对错

1. 唐老师是北京人。　　　　　　（错）
2. 唐老师上口语课。　　　　　　（对）
3. 丽莎的口语老师是白老师。　　（错）

第七课　这是我的老师

4. 丽莎的听力老师是唐老师。　　（错）

5. 丽莎不认识白老师。　　　　　（对）

（二）再听一遍，根据课文内容填空（可写拼音）

金大永的 <u>口语(kǒuyǔ)</u> 老师是唐老师，他是 <u>上海(Shànghǎi)</u> 人。

他的听力老师是 <u>白老师(Bái Lǎoshī)</u>。丽莎 <u>不认识(bú rènshi)</u> 他。

课文二

▶▶（哈利第一次来学校，李阳带他参观校园）

李阳：到了，哈利，你看，这是我们学校。

哈利：啊！学校真大呀！

李阳：是啊！我们学校有两个校区，东部和西部。

哈利：食堂在哪儿？

李阳：西部和东部都有食堂。西部有三个，东部有一个。我们学校的食堂都很大，菜也很好吃。

哈利：图书馆在哪儿？

李阳：在西部。

哈利：留学生的宿舍楼呢？

李阳：留学生的宿舍楼有两个，都在西部。

哈利：那我们去宿舍楼吧！

二、练习

（一）根据课文内容把左边和右边的词语用直线连起来

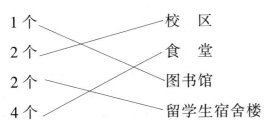

（二）听课文口头回答问题

1. 李阳和哈利在哪儿？
2. 学校的图书馆在哪儿？
3. 学校的食堂怎么样？
4. 他们现在要去哪儿？

泛听练习

二、听两遍短文，边听边填空

哈利家有 <u>四</u> 口人：爸爸、<u>妈妈</u>、姐姐和他。他的 <u>姐姐</u> 是老师。

芳子是 <u>留学生</u>，她家有 <u>六</u> 口人：爷爷、奶奶、爸爸、<u>两个弟弟</u> 和她。她的弟弟都是 <u>小学生</u>。

李阳是中国人。他还是学生。他家 <u>只</u> 有三口人：爸爸、妈妈和他。他 <u>没有</u> 姐姐，也没有 <u>妹妹</u>。

三、听两遍短文，边听边填表（在适当的格内填"√"）

唐华是上海人，他在大学教汉语。李阳是北京人，他是大学生，他在旅游学院学习。王欣是广州人，以前，他是旅游学院的老师。现在他是导游，在欣欣旅行社工作。

名字 Míngzi	Shànghǎi Rén	Běijīng Rén	Guǎngzhōu Rén	xuésheng	lǎoshī	dǎoyóu
唐 华 Táng Huá	√				√	
李 阳 Lǐ Yáng		√		√		
王 欣 Wáng Xīn			√			√

第八课　我在这儿等他

语音练习

一、听写音节

1. bú guò　　2. bǔ guō　　3. huàn qián　　4. huán qián

5. dānrén　　6. dāngrán　　7. zhīdào　　8. chídào

A：Nǐ kěyǐ zuò（9. dìtiě），dào（10. Rénmín）guǎngchǎng xià chē.

B：Xièxie.

二、写出听到的音节

1. bú guò　　2. huàn qián　　3. dāngrán　　4. zhīdào　　5. rénmín

句子练习

二、听句子，从A、B两句中选出恰当的回答

1. 请坐！吃不吃冰淇淋？
　　A. 别客气。　　　　　　　　B. 好的，谢谢。　　　　答案：B

2. 这里是不是217房间？
　　A. 是，你找谁？　　　　　　B. 他不在。　　　　　　答案：A

3. 他现在不在。
　　A. 我等他。　　　　　　　　B. 我在宿舍。　　　　　答案：A

4. 谢谢，我不喝。
　　A. 别客气。　　　　　　　　B. 没关系。　　　　　　答案：A

5. 芳子，我想去上海博物馆。
　　A. 我是他朋友。　　　　　　B. 你知道怎么走吗？　　答案：B

6. 怎么去徐家汇?
  A. 我也去。   B. 你可以坐地铁。 答案：B

7. 你去北京路干什么?
  A. 可以坐43路公共汽车。 B. 我要买自行车。 答案：B

8. 最近忙吗?
  A. 不太忙。   B. 不要忙。   答案：A

9. 您要哪种?
  A. 红的那种多少钱? B. 一共二十一块七。 答案：A

10. 我们学校旁边有车站。
  A. 我要去朋友家。 B. 在哪儿?   答案：B

课文一

▶▶（在宿舍楼）

丽莎：请问，这里是不是3317号房间?

哈利：是，你找谁?

丽莎：我找金大永。我是他朋友。我叫丽莎。

哈利：你好! 金大永现在不在。

丽莎：我在这儿等他，可以吗?

哈利：当然可以。请坐! 你喝不喝茶?

丽莎：我不喝，谢谢。

哈利：不客气。

二、练习

（一）听两遍课文辨别对错

  1. 丽莎找3117号房间。 （错）

  2. 丽莎找哈利。 （错）

  3. 金大永现在不在。 （对）

  4. 丽莎没有等金大永。 （错）

第八课　我在这儿等他

5. 丽莎没喝茶。　　　　　　（对）

(二) 再听一遍，根据课文内容填空（可写拼音）

丽莎去 <u>3317</u> 号房间 <u>找</u> 金大永。金大永 <u>不在</u> 。丽莎在房间里 <u>等</u> 他。哈利请她 <u>喝茶</u> ，不过她 <u>没</u> 喝。

课文二

▶▶（在校园里）

丽莎：我想去上海博物馆，你知道怎么走吗？

李阳：你可以坐地铁，到人民广场下车。

丽莎：那……去徐家汇呢？应该怎么走？

李阳：去徐家汇可以坐43路公共汽车。我们学校旁边有车站。

丽莎：那怎么去中山西路呢？

李阳：中山西路？骑自行车就可以。你去那儿干什么？

丽莎：我要买自行车。

二、练习

(一) 根据课文内容把左边和右边的词语用直线连起来

博物馆　――――――　地　铁

徐家汇　　　╳　　　骑自行车

中山西路　　　　　　公共汽车

(二) 听课文口头回答问题

1. 去博物馆，坐地铁到哪儿下车？
2. 去徐家汇，可以坐几路公共汽车？
3. 哪儿有43路公共汽车站？
4. 谁想去上海博物馆？
5. 丽莎去中山西路干什么？

泛听练习

二、听两遍短文,边听边填表

哈利和金大永一块儿去银行换钱。哈利有美元,想换人民币。今天100美元换人民币793.71元。他换400美元。400美元换人民币三千一百七十四块八毛四。

金大永有韩币,想换人民币。今天1000韩元换人民币八块。金大永换了25万韩元,他数了数,一共换了2000元人民币。

名字	牌价(páijià)	外币(wàibì)	人民币(rénmínbì)
哈利	100美元➡793.71人民币 měiyuán rénmínbì	400美元 měiyuán	3174.84元 yuán
金大永	1000韩元➡8人民币 hányuán rénmínbì	250,000韩元 hányuán	2000元 yuán

三、听对话,在图上画出他们走的路线

丽莎:哈利,你去哪儿?

哈利:我要去看电影。你去不去?

丽莎:我不去。我要去金大永的宿舍。

哈利:丽莎,看完电影,我们一块儿去金大永的宿舍吧!

丽莎:好的。我们先去看电影吧!哈利,你等一下儿,我去商店。

哈利:你去商店?做什么?

第八课　我在这儿等他

丽莎：看电影，当然要买可乐啦！

哈利：好，我和你一块儿去吧。

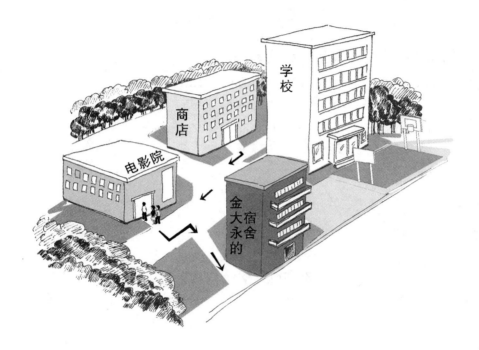

第九课　来我家玩儿吧

语音练习

一、把听到的词语的两个音节用直线连起来

zuìjìn	yǒu kòngr	hàomǎ	yíkuàir	sùshè
最近，	有空儿，	号码，	一块儿，	宿舍，

cídiǎn	nǎ zhǒng	dìtú	huí jiā	Yīngwén
词典，	哪种，	地图，	回家，	英文

二、听写句子，然后朗读

1. Zuìjìn máng ma?　　　　　1. 最近忙吗？
2. Wǒ zhù liúxuéshēng sùshè.　　2. 我住留学生宿舍。
3. Zhèr bú mài Běijīng dìtú.　　3. 这儿不卖北京地图。

句子练习

二、听句子，从A、B两句中选出恰当的回答

1. 喂，哈利吗？

　　A. 他现在不在。　　　　B. 好的，谢谢。　　　答案：A

第九课　来我家玩儿吧

2. 明天有空儿吗？

   A. 今天我有课。　　　　B. 明天我有课。　　　　答案：B

3. 我们去李阳家玩儿吧！

   A. 他家在哪儿？　　　　B. 我住留学生宿舍。　　答案：A

4. 你的手机号码是多少？

   A. 2317 号。　　　　　　B. 13001230274。　　　答案：B

5. 哪儿卖上海地图？

   A. 我不知道。　　　　　B. 不客气。　　　　　　答案：A

6. 你要什么词典？

   A. 我要英文词典。　　　B. 我要一本词典。　　　答案：A

课文一

▶▶（在打电话）

李阳：喂！哈利！你好！我是李阳，最近忙吗？

哈利：不太忙。

李阳：今天有空儿吗？来我家玩儿吧。

哈利：好啊！你家在哪儿？

李阳：你住哪儿？我来找你，我们一块儿去！

哈利：我住留学生宿舍，3317 房间。

李阳：好的。你的手机号码是多少？

哈利：13001230274。我在宿舍等你。

李阳：好的。一会儿见！

哈利：再见！

二、练习

（一）听两遍课文辨别对错

　　　1. 他们在打电话。　　　　　　　　（对）

2. 哈利最近很忙。　　　　　　　　　（错）

3. 今天李阳要去哈利家玩儿。　　　　（错）

4. 哈利住留学生宿舍。　　　　　　　（对）

5. 李阳和哈利一块儿去。　　　　　　（对）

（二）再听一遍，根据课文内容填空（可写拼音）

哈利 <u>住</u> 留学生 <u>宿舍</u>，<u>3317</u> 房间。手机号码是 <u>13001230274</u>。哈利最近 <u>不太忙</u>，李阳给他 <u>打电话</u>。李阳请哈利去 <u>他家</u> 玩儿。

课文二

（在书店）

售货员：小姐，你买什么？

芳　子：我买词典。

售货员：你要什么词典？

芳　子：我要英汉词典。

售货员：你要哪种？这种二十一块七一本，那种二十五块八一本。

芳　子：我要这种，二十一块七的，我还要一张北京地图。

售货员：对不起，这个书店不卖北京地图。

芳　子：哪儿卖？

售货员：你要去大书店买。

芳　子：谢谢你。

售货员：不客气。

二、练习

（一）听两遍课文，选择正确答案

1. 芳子要买什么词典？

　　A. 日文词典　　　　　B. 英汉词典　　　　答案：B

第九课　来我家玩儿吧

2. 这儿卖英汉词典吗？

  A. 卖　　　　　　　　B. 不卖　　　　　　　答案：A

3. 芳子买的词典花了多少钱？

  A. 二十七块一　　　　B. 二十一块七　　　　答案：B

4. 这儿卖北京地图吗？

  A. 卖　　　　　　　　B. 不卖　　　　　　　答案：B

5. 哪儿卖北京地图？

  A. 这个书店　　　　　B. 大书店　　　　　　答案：B

（二）再听一遍，根据课文内容填空

  芳子要 <u>买</u> 词典和地图。她先 <u>去</u> 了书店，<u>买</u> 了一本 <u>英汉</u> 词典。她还想买北京 <u>地图</u>。书店里 <u>没有</u>。售货员 <u>告诉</u> 她，<u>那儿</u> 的小卖部有。

单元练习（三）

一、听一遍短文，回答问题

（一）我家有五口人：爸爸、妈妈、哥哥、姐姐和我。姐姐今年28岁了。她教留学生汉语，她每天上午有课；我哥哥也在学校，不过他是学生，他在学校学习英语。

问：我的姐姐是做什么的？

答：姐姐是 老师 。

（二）哈利是美国留学生，他想学上海话。唐老师是上海人，可以教他。他现在每天去老师的宿舍学上海话。唐老师住317号房间。

问：哈利每天在几号房间学上海话？

答：哈利每天在 317 号房间学上海话。

（三）玛丽，这是你想买的本子和铅笔，还有一张地图，一共十块七毛。你给我十一块钱，找你三毛钱。

问：玛丽买了几种东西？一共多少钱？

答：玛丽买了 三 种东西，一共 十块七毛 钱。

二、听两遍对话，听后回答问题

（丽莎在篮球场找金大永，碰到李阳）

丽莎：请问，你认识金大永吗？

李阳：我认识。你是……？

丽莎：我是他的朋友，我叫丽莎。你知道他在哪儿吗？

李阳：他去留学生办公室了，在操场旁边的五号楼。现在我也去那儿。

丽莎：太好了！我们一起去好吗？

李阳：好。我叫李阳。你是留学生吗？

丽莎：对，我是法国留学生。我学习汉语。你也是这里的学生吗？

李阳：对。

(一) 根据听到的问题,选择恰当的图

1. 问：金大永在哪儿？

B

2. 问：他们要去哪儿？

D

3. 问：李阳是干什么的？

A

(二) 听短文，说出与刚才听到的短文不一样的地方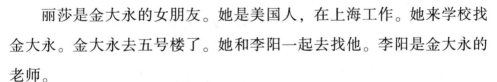

丽莎是金大永的女朋友。她是美国人，在上海工作。她来学校找金大永。金大永去五号楼了。她和李阳一起去找他。李阳是金大永的老师。

第十课　你可以坐43路公共汽车

句子练习

二、听句子，从A、B两句中选出恰当的回答

1. 在哪儿下车？
   A. 下车后就到了。　　　B. 在终点站下车。　　　答案：B

2. 你可以坐15路公共汽车。
   A. 哪儿有15路公共汽车？　B. 15路公共汽车一共有15站。答案：A

3. 哪儿有15路公共汽车？
   A. 离这儿不远。　　　　B. 你可以坐地铁。　　　答案：A

4. 我们先买东西，再去吃饭吧！
   A. 这个东西很贵。　　　B. 好的。　　　　　　　答案：B

5. 吃的东西都在楼上。
   A. 我也去。　　　　　　B. 牛奶也在楼上？　　　答案：B

6. 到了，你看，这就是超市。
   A. 哦，这个超市很大。　B. 这家书店书很多。　　答案：A

7. 你们要买什么？
   A. 买毛巾。　　　　　　B. 楼下卖毛巾。　　　　答案：A

8. 我想买本子。
   A. 你去邮局看看。　　　B. 你去商店看看。　　　答案：B

9. 您往前走100米，往右拐。
   A. 往右拐就到了？　　　B. 人民广场在市中心。　答案：A

10. 昨天我们去超市了。
    A. 我也不知道。　　　　B. 你们买什么了？　　　答案：B

课文一

▶▶（在马路上）

女：请问，去桂林公园怎么走？

第十课　你可以坐43路公共汽车

男：你可以坐43路公共汽车。

女：在哪儿下车？

男：43路汽车有一站就是"桂林公园"。

女：下车后就到了吗？

男：对，车站对面就是桂林公园。

女：谢谢您。那请问，哪儿有43路汽车站？

男：离这儿不远。从这儿一直往前走，到前面路口，往左拐，就有43路汽车站。

二、练习

(一) 听两遍课文辨别对错

1. 女的要去桂林公园。　　　　　　　(对)
2. 男的不知道怎么去桂林公园。　　　(错)
3. 女的可以坐34路公共汽车。　　　　(错)
4. 43路汽车有一站是"桂林公园"。　 (对)
5. 男的不知道哪儿有43路汽车站。　　(错)
6. 桂林公园离这儿不远。　　　　　　(错)

(二) 再听一遍，根据课文内容填空

　　女的想 去 桂林公园，她不知道 怎么 去。男的 说 她可以坐 43 路公共汽车，在 桂林公园 站下车。车站 对面 就是桂林公园。

　　从这儿一直往 前 走，到前面 路口 ，往 左 拐，就有 43 路汽车站。

课文二

▶▶(丽莎和李阳去超市买东西)

李　阳：丽莎，到了，你看，这个超市比较大，有两层。我们先在楼下看看吧！

丽　莎：好。李阳，我想买毛巾。楼下有毛巾吗？

李　阳：我也不知道。我问问……请问，楼下卖毛巾吗？

售货员：楼下卖毛巾。你往前走50米，往右拐，那儿有毛巾。

李　阳：谢谢你。我想买牛奶，也在这儿吗？

丽　莎：对，我还要买面包。饮料和面包也都在楼下吗？
售货员：不，吃的都在楼上。
李　阳：明白了。我们先在这儿买毛巾，再去楼上吧！
丽　莎：好的。

二、练习

(一) 听两遍课文，选择正确答案

1. 丽莎和李阳去做什么？
   A. 买东西　　　B. 卖东西　　　　　　　　　答案：A
2. 这个超市怎么样？
   A. 比较小　　　B. 比较大　　　C. 不太大　　答案：B
3. 丽莎想买什么？
   A. 毛巾和牛奶　B. 饮料和面包　C. 毛巾和面包　答案：C
4. 李阳想买什么？
   A. 毛巾　　　　B. 面包　　　　C. 牛奶　　　答案：C
5. 他们先买什么？
   A. 毛巾　　　　B. 面包　　　　C. 牛奶　　　答案：A
6. 他们现在在哪儿？
   A. 楼上　　　　B. 楼下　　　　C. 超市外面　答案：B

(二) 再听一遍课文，口头回答问题

1. 这个超市有几层？
2. 李阳知道哪儿卖毛巾吗？
3. 哪儿卖毛巾？怎么走？
4. 吃的在哪儿？

(三) 听短文，说出与刚才听到的课文不一样的地方

李阳和丽莎一块儿去超市买东西。那个超市不太大，只有一层。丽莎想买毛巾，李阳想买牛奶和面包。李阳知道哪儿卖毛巾、牛奶和

第十课　你可以坐43路公共汽车

面包。丽莎说他们先买面包和牛奶，然后买毛巾。李阳说好的。

泛听练习

二、听两遍短文，根据内容填图

人民广场在上海市中心。那儿有市政府大楼、大剧院和博物馆等。市政府大楼在广场北边，博物馆在广场南边，大剧院在市政府大楼旁边。人民广场的西边有一个莱福士广场，那里有很多小商店。

三、听两遍短文，边听边填表

金大永和芳子一起去商店买东西。金大永买了两支铅笔和五个本子，一共花了十五块一。芳子想买一双鞋子，不过商店里的鞋子她都不喜欢，她没有买，只买了一张地图。那种地图只要三块七。

名　字	买的东西	数　量	花了多少钱
金大永	铅笔、本子	两支、五个	十五块一
芳　子	地图	一张	三块七

第十一课　你周末去哪儿了

句子练习

二、听句子，从A、B两句中选出恰当的回答

1. 你这个周末有空儿吗？
   A. 有。有事儿吗？　　　　B. 这个周末是16号。　　　答案：A

2. 他想请我们吃饭。
   A. 哈利回来了。　　　　　B. 太谢谢他了。　　　　　答案：B

3. 昨天你去哪儿了？
   A. 我去唐老师家了。　　　B. 我要去唐老师家。　　　答案：A

4. 我们怎么去唐老师家？
   A. 我们星期六下午见面。　B. 先坐汽车，再换地铁。　答案：B

5. 明天下午我们见面吧！
   A. 几点？　　　　　　　　B. 我也去。　　　　　　　答案：A

6. 你们在唐老师家做什么了？
   A. 我们看电视了。　　　　B. 我们看电视。　　　　　答案：A

7. 我想李阳一定会喜欢。
   A. 我喜欢运动。　　　　　B. 我想也是。　　　　　　答案：B

8. 南京路上有很多商店。
   A. 你买东西了吗？　　　　B. 我去看电影了。　　　　答案：A

9. 你打算什么时候去外滩？
   A. 这个周末。　　　　　　B. 昨天晚上。　　　　　　答案：A

10. 唐老师家在哪儿？
    A. 他在医院。　　　　　　B. 离学校不太近。　　　　答案：B

第十一课　你周末去哪儿了

课文一

▶▶（下课后）

金大永：芳子，你这个周末有空儿吗？

芳　子：有。你有什么事儿吗？

金大永：不是我有事儿，是唐老师家有事儿。

芳　子：唐老师家有事儿？唐老师怎么了？生病了吗？

金大永：当然不是。这个星期六是唐老师的生日，他想请我们去他家做客。

芳　子：好，他家在哪儿？

金大永：我知道。他家离学校很远，在浦东。

芳　子：那……金大永，我们怎么去？

金大永：星期六下午三点，我们在学校门口见面，先坐公共汽车，再换地铁。

一、练习

（一）听两遍课文辨别对错

1. 这个周末芳子没有空。　　　　　　　　　（错）

2. 唐老师生病了。　　　　　　　　　　　　（错）

3. 星期六是唐老师的生日。　　　　　　　　（对）

4. 金大永去芳子家做客。　　　　　　　　　（错）

5. 唐老师家离学校很远。　　　　　　　　　（对）

6. 金大永和芳子星期六下午三点见面。　　　（对）

（二）再听一遍，根据课文内容填空

1. 问：谁请金大永和芳子去家里做客？

　　答：<u>唐老师</u>。

2. 问：这个星期六，金大永和芳子在哪儿见面？

　　答：在 <u>学校门口</u> 见面。

3. 问：金大永和芳子怎么去唐老师家？

　　答：他们先 <u>坐公共汽车</u> 再换 <u>地铁</u>。

课文二

▶▶（在宿舍）

芳子：丽莎，你周末去哪儿了？

丽莎：星期六我去豫园了，星期天和一个朋友去外滩了。芳子，你呢？

芳子：星期六我和金大永去唐老师家了。他的家在浦东。

丽莎：哦，离学校不太近。你们在老师家做什么了？

芳子：星期六是唐老师生日。我们先唱歌，再吃蛋糕。很有意思！

丽莎：你们买礼物了没有？

芳子：买了，一本词典。

丽莎：哎呀！已经7点了，我们一起去吃晚饭吧！

芳子：好。你打算去哪儿吃？

丽莎：食堂，怎么样？

二、练习

（一）听两遍课文，选择正确答案

1. 丽莎星期六做什么了？
   A. 去豫园了　　　　B. 去唐老师家了　　　答案：A
2. 谁去外滩了？
   A. 芳子和她的朋友　　B. 丽莎和她的朋友　　答案：B
3. 唐老师家离学校远吗？
   A. 不太近　　　　　B. 不太远　　　　　　答案：A
4. 他们在唐老师家做什么了？
   A. 他们先吃蛋糕，再唱歌　B. 他们先唱歌，再吃蛋糕　答案：B
5. 他们买了什么礼物？
   A. 蛋糕　　　　　　B. 词典　　　　　　　答案：B
6. 丽莎和芳子打算去哪儿吃饭？
   A. 食堂　　　　　　B. 外滩　　　　　　　答案：A

第十一课　你周末去哪儿了

（二）听短文，说出与刚才听到的课文不一样的地方

　　星期日是唐老师的生日。金大永和丽莎一块儿去唐老师家了。他们还买礼物了，是一个篮球。唐老师喜欢运动。唐老师家离学校不太远，在学校附近。中午，唐老师和他们在一家餐厅吃饭。他们先吃面条，再唱歌，玩儿得很高兴。

　　泛听练习

二、听两遍短文，根据听到的内容在图上用"→"画出路线

　　这个星期，我们唐老师没有来上课。他病了，今天下午我和我的同学金大永一起去医院看他了。他住在中山医院。我们先坐217路公共汽车，在中山路站下车。下车以后往回走，在第二个十字路口往左拐，再走20米，那儿有一家超市，超市的对面就是医院，我们过马路就到了。

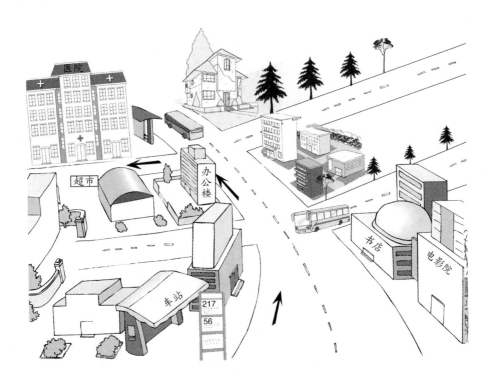

三、听两遍短文，听后根据听到的顺序写序号

　　这个周末，克里斯和他的中国女朋友要结婚了，他请我们老师和同学参加他的婚礼。黄佳佳和丽莎要给他买礼物。今天下午没有课，中午他们吃完饭就去商场了。克里斯喜欢中国画，她们打算先买一张画，再去花店买花，然后去书店买几本书，最后在书店附近的饭店吃晚饭。

（3）买中国画

（5）去书店买书

（4）去花店买花

（6）在饭店吃晚饭

（2）吃完饭去商场

（1）今天下午没有课

第十二课　你应该早点儿来

句子练习

二、听句子，从A、B两句中选出恰当的回答

1. 你应该请假。
   A. 对不起，我忘了。　　B. 谢谢老师。　　答案：A

2. 我能不能早点儿回家？
   A. 以后我一定早点儿回家。　　B. 可以。　　答案：B

3. 您看这个餐厅怎么样？
   A. 还不错。　　B. 我想看。　　答案：A

4. 老师，我头疼。
   A. 你应该去医院。　　B. 对不起。　　答案：A

5. 你怎么不吃饭？
   A. 我应该吃饭。　　B. 我不舒服。　　答案：B

6. 下星期我要给老板当翻译。
   A. 这是个好机会。　　B. 你有什么事？　　答案：A

课文一

▶▶（在宿舍）

金大永：哈利，你怎么没吃早饭？

哈　利：哦，我今天不太舒服，不想吃东西。

金大永：你怎么了？

哈　利：我头疼，肚子疼。

金大永：发烧了没有？

哈　利：没有。

金大永：你应该去医院。别上课了。

哈　利：可是我没有请假。我给唐老师打电话，办公室老师说他不在。

金大永：你去医院吧，我帮你请假。

哈　利：好的，谢谢你。金大永，你一定要帮我请假。

二、练习

（一）听两遍课文辨别对错

1. 哈利吃早饭了。　　　　　（错）
2. 哈利今天身体不好。　　　（对）
3. 哈利今天发烧了。　　　　（错）
4. 哈利给唐老师打电话了。　（对）
5. 唐老师在办公室。　　　　（错）
6. 金大永帮哈利请假。　　　（对）
7. 哈利今天不去上课。　　　（对）

（二）再听一遍，根据课文内容填空

哈利今天早上 没 吃 早 饭。他 病 了，头疼(téng)、肚子 疼。金大永说他 应该 去医院。哈利没有 请假 ，因为他 打电话 给唐老师，唐老师 不在 。金大永说 帮 他 请假。

课文二

▶▶（教室里，唐老师在上课。金大永进来了）

唐老师：金大永，你迟到了，你应该早点儿来。

金大永：对不起，老师。我的同屋哈利生病了。我先送他去医院，再来上课，所以晚了。

唐老师：哈利怎么了？

金大永：哦，他肚子疼。

唐老师：那……大夫说他得什么病了？

第十二课　你应该早点儿来

金大永：我不知道。我送他到医院后，就来上课了。

唐老师：哦。在哪个医院？下课以后，你和我一起去看他，好吗？

金大永：好。对了，老师，哈利要我帮他请假。

唐老师：知道了。……好了，同学们，我们继续上课。

二、练习

(一) 听两遍课文，选择正确答案

1. 谁在教室上课？
   A. 方老师　　　　　　　B. 唐老师　　　　　答案：B

2. 金大永迟到了没有？
   A. 迟到了　　　　　　　B. 没迟到　　　　　答案：A

3. 金大永为什么来晚了？
   A. 他生病了　　　　　　B. 他送哈利去医院了　答案：B

4. 金大永知道哈利得什么病吗？
   A. 知道　　　　　　　　B. 不知道　　　　　答案：B

5. 下课以后，谁去看哈利？
   A. 金大永和他的老师　　B. 金大永和他的同学　答案：A

单元练习（四）

一、听一遍短文，回答问题

（一）我喜欢吃冰淇淋。夏天的时候，我每天都要吃一个冰淇淋。可是现在是冬天了，天气很冷，我不吃冰淇淋了。

问：现在"我"为什么不吃冰淇淋了？　答：因为 现在是冬天了 。

（二）哈利，快一点儿。从这儿一直往前走，到前面路口往右拐，再走100米就到电影院了。

问：哈利要去哪儿？　答：哈利要去 电影院 。

（三）黄佳佳，今天晚上我不能去跳舞。六点要和一个中国朋友见面。因为我的汉语口语不好，所以要先练习一下。

问：今天晚上"我"要做什么？　答：今天晚上"我"要 练习口语 。

二、听两遍对话，听后回答问题

（哈利在机场和他的日本朋友洋子见面了。洋子从上海来北京……）

哈利：洋子，路上怎么样啊？累吗？

洋子：还可以，见到你真高兴。哈利，你胖了，哈哈！

哈利：是呀，中国菜太好吃了。

洋子：是的。我喜欢吃北京烤鸭，这次来北京一定要多吃点儿。对了，哈利，你可以给我当导游吗？

哈利：应该可以吧。

洋子：那上课呢？能请假吗？

哈利：能。老师觉得这是一个很好的机会，能多了解中国。

洋子：哦，是吗？你请假了？

哈利：是呀。昨天，我给唐老师打电话请假了。他还说我的汉语不错呢。

洋子：是吗？哈哈！

哈利：先去我们学校，怎么样？

洋子：好的！我们叫出租车吧！

问题：

1. 他们在哪儿见面？
2. 哈利为什么胖了？
3. 洋子喜欢吃什么？
4. 洋子打算去哪儿？谁当导游？
5. 哈利能请假吗？请假了没有？
6. 老师为什么觉得这是一个很好的机会？
7. 老师觉得哈利的汉语怎么样？
8. 他们现在先去哪儿？怎么去？

三、听短文，说出与刚才听到的短文不一样的地方

　　洋子是哈利的女朋友。她是日本人，在北京工作。她从北京来上海找哈利。哈利在机场接她。哈利喜欢吃北京烤鸭，所以胖了。洋子想在上海玩玩，请哈利当导游。哈利要上课，不能请假。唐老师说哈利的汉语不错，周末的时候，可以给洋子当导游。他们在机场坐出租车去哈利的学校。

第十三课　你喝咖啡还是喝茶

句子练习

二、听问题，从A、B两句中选出恰当的回答

1. A：你怎么回家？打的还是坐公共汽车？
   B：我坐43路。
   问：女的怎么回去？
   A. 打的　　　　　　B. 坐公共汽车　　　　　答案：B

2. A：你喜欢黄色还是红色？
   B：喜欢红色。
   问：女的喜欢什么颜色？
   A. 红色　　　　　　B. 黄色　　　　　　　　答案：A

3. 因为下雨了，所以李阳没有来。
   问：李阳为什么没来？
   A. 下雨了　　　　　B. 下雪了　　　　　　　答案：B

4. 因为太贵了，所以不买。
   问：他为什么不买？
   A. 太贵了　　　　　B. 太多了　　　　　　　答案：A

5. 因为不习惯，所以感冒了。
   问：他为什么感冒了？
   A. 因为不喜欢　　　B. 因为不习惯　　　　　答案：B

6. 唐老师的生日是6月8号。
   问：唐老师的生日是哪天？
   A. 6月8号　　　　　B. 8月6号　　　　　　　答案：A

第十三课　　你喝咖啡还是喝茶

课文一

▶▶（在路上）

金大永：丽莎，周末我们一起去动物园怎么样？

丽　莎：好啊，星期六去还是星期天去？

金大永：星期六去吧，最好骑自行车去。

丽　莎：为什么呢？

金大永：因为周末坐公共汽车的人太多了，所以我们骑自行车去吧。

丽　莎：动物园远吗？

金大永：不太远，骑自行车半个多小时就到了。

丽　莎：那就骑自行车去吧。上午去还是下午去？

金大永：上午去吧。

二、练习

听两遍课文辨别对错

  1. 他们周末要去公园。　　　　　　　　　　　　（错）

  2. 他们打算星期六去动物园。　　　　　　　　　（对）

  3. 因为他们喜欢骑自行车，所以不坐公共汽车。（错）

  4. 动物园比较远。　　　　　　　　　　　　　　（错）

  5. 他们想上午去。　　　　　　　　　　　　　　（对）

课文二

▶▶（哈利到李阳的宿舍，谈论旅游计划）

李阳：哈利，请坐。喝点儿什么？咖啡还是茶？

哈利：我喜欢咖啡。

李阳：听说你们留学生要去旅游，是吗？

哈利：是啊，我想问问你去哪里好？

李阳：你们要去哪儿？

哈利：苏州或者杭州。中国人觉得苏州好还是杭州好？

李阳：有的人喜欢苏州，有的人喜欢杭州。

哈利：那么，你呢？

李阳：我觉得杭州好，因为杭州有美丽的西湖，在西湖边喝茶或者散步都很有意思。

哈利：我听说苏州的园林也很有名。

李阳：是啊。你这次去杭州，下次去苏州吧。

哈利：行！

二、练习

听两遍课文口头回答问题

1. 他们在哪儿谈话？
2. 哈利喜欢喝什么？
3. 哈利要去做什么？
4. 中国人觉得苏州好还是杭州好？
5. 李阳为什么觉得杭州好？
6. 哈利听李阳说在西湖边做什么很有意思？
7. 哈利这次去哪里玩？

泛听练习

二、听两遍短文，边听边填空

　　金大永的朋友下星期 五 来上海。这是他朋友第 一 次来上海。金大永想陪他去上海 有名的 地方玩玩儿，还要带他去苏州和杭州 旅游 。金大永去过 杭州 ，没有去过 苏州 。他听说苏州的园林很有名。他朋友喜欢吃 中国菜 ，金大永还要请他吃 好吃的 中国菜。

第十三课　你喝咖啡还是喝茶

三、听两遍短文，说出主要内容

金大永下个星期天要去杭州，他在看《杭州旅游景点》。这本书介绍了杭州有名的景点，他觉得很有意思。哈利也想看看，他来借这本书。可是金大永还没看完，才看到第 20 页。金大永说下个星期可以借给哈利看。

第十四课　哈利去杭州旅游

句子练习

二、听句子，辨别对错

1. "哈利的朋友以前没来过中国。" 意思是 "哈利的朋友第一次来中国。"　　　　　　　　　　　　　　　　　　　　　　　　（对）
2. "丽莎喜欢红色或者黄色。" 意思是 "丽莎不喜欢黄色。"　　（错）
3. "哈利想去杭州和苏州旅游。" 意思是 "哈利想去杭州旅游，也想去苏州旅游。"　　　　　　　　　　　　　　　　　　　　　　（对）
4. "金大永去机场接朋友了。" 意思是 "金大永现在不在家。"　（对）
5. "明天有两辆车，哈利在二号车。" 意思是 "明天一共有四辆车。"（错）
6. "哈利明天6点起床，7点10分出发。" 意思是 "哈利6点10分起床。"　　　　　　　　　　　　　　　　　　　　　　　　　　　（错）

课文一

▶▶（下课后）

哈　　利：唐老师，明天我们几点出发？

唐老师：明天早上7点15分在宿舍门口集合，7点半出发。大家不要迟到。

哈　　利：我们要带什么东西吗？

唐老师：可以带点儿水或者水果什么的。

哈　　利：要带毛巾和牙刷吗？

唐老师：这些宾馆里一般都有，不过最好带上自己的毛巾。

哈　　利：听说西湖很美，是吗？

第十四课　哈利去杭州旅游

唐老师：是啊，不要忘了带照相机。

二、练习

(一) 听两遍课文辨别对错

1. 明天7点15分出发。　　　　（错）
2. 老师说不需要带水。　　　　（错）
3. 宾馆里一般都有牙刷。　　　（对）
4. 不要带照相机。　　　　　　（错）
5. 他们要去杭州旅游。　　　　（对）

(二) 再听一遍，根据课文内容填空

哈利他们明天早上 <u>7点15分</u> 在宿舍门口集合，<u>7点半</u> 出发。唐老师说可以带点儿 <u>水</u> 或者 <u>水果</u> 什么的。宾馆里一般都有毛巾和牙刷，不过最好带上自己的 <u>毛巾</u>。唐老师还说，不要忘了带 <u>照相机</u>。

课文二

▶▶ (在宿舍楼门口)

唐老师：已经7点15分了，还有15分钟就要开车了。同学们都来了吗？

哈　利：二号车有32个同学，都到了。一号车应该有36个人，还有两个人没到。

唐老师：谁没到？

哈　利：芳子和丽莎没来。

唐老师：你给她们打个电话。用我的手机打吧。号码是多少？

哈　利：39872047。……老师，你看，芳子来了。

芳　子：对不起，唐老师，丽莎忘了带照相机，现在她回去拿照相机了，马上就来。

唐老师：那我们再等一会吧。

二、练习

（一）听两遍课文辨别对错

1. 7点半开车。　　　　　　　　　　　　　　　（对）
2. 二号车有36个人。　　　　　　　　　　　　 （错）
3. 一号车有两个人没到。　　　　　　　　　　 （对）
4. 芳子她们宿舍的号码是39872041。　　　　　（错）
5. 丽莎没有带照相机，所以不去了。　　　　　 （错）
6. 丽莎回去拿照相机了。　　　　　　　　　　 （对）

（二）听短文，说出与刚才听到的课文不一样的地方

唐老师带我们去杭州旅游，已经7点30分了，还有10分钟就要开车了。我们一共有两辆车，一号车上有30个学生，二号车上有32个学生。芳子还没来。唐老师给她打手机，号码是13518900816。芳子说她起床晚了，10分钟后一定到。

泛听练习

二、听两遍短文选择正确答案并填写表格

上周末哈利去一个中国朋友家做客，他的名字叫杨强。杨强家有五口人：他的父母、爱人和一个女儿。杨强今年37岁，在医院工作。他平时工作很忙。他爱人叫卢小梅，今年32岁，是一家公司的经理，工作也很忙。他们结婚六年了，女儿今年三岁，叫杨英英，非常可爱。杨强的父亲66岁，母亲68岁。他们都退休了，所以平时他们照顾英英。

问题：

1. 哈利朋友的名字叫什么？
　　A. 杨阳　　　　　B. 杨强　　　　　C. 杨佳　　　　　答案：B
2. 杨强家有几口人？
　　A. 五口　　　　　B. 六口　　　　　C. 九口　　　　　答案：A

第十四课 哈利去杭州旅游

3. 杨强做什么工作？
   A. 经理　　　　　B. 老师　　　　　C. 大夫　　　　答案：C

4. 杨强的爱人叫什么？
   A. 卢小妹　　　　B. 卢小梅　　　　C. 卢小美　　　答案：B

5. 谁照顾孩子？
   A. 杨强的父母　　B. 杨强的爱人　　C. 杨强　　　　答案：A

姓　名	杨　强	杨强的爱人	杨强的女儿	杨强的父亲	杨强的母亲
年龄（岁）	37	32	3	66	68

三、听短文，听后选图

上周二，5月22日，是我的生日，我今年22岁了。金大永、哈利、洋子和丽莎为我祝贺生日。6点我们一起在餐厅吃饭。他们给我带来了生日蛋糕。每个人还送给我一个礼物。你们猜是什么？哈利送给我一支黑色的笔，芳子送给我一个钱包，丽莎送给我一盒糖，大永送给我一个漂亮的杯子。可是我最想要一瓶法国葡萄酒，没有人送给我，呵呵。

问题：

1. 哈利送给"我"什么礼物？

答案：
　　　B.

2. 芳子送给"我"什么礼物？

答案：
　　　C.

3. 丽莎送给"我"什么礼物？

答案：
　　　B.

4. 金大永送给"我"什么礼物？

答案：
　　　A.

5. "我"最想要什么礼物？

答案：
　　　C.

第十五课　西湖很美

句子练习

二、听句子，从 A、B 两句中选出恰当的回答

1. 西湖真大啊。
   A. 是啊，可以在西湖边散步　　B. 中国有很多湖　　答案：A
2. 杭州常常下雪吗？
   A. 杭州很冷　　B. 不常下雪　　答案：B
3. 你在杭州拍的照片怎么样？
   A. 还没取回来呢　　B. 我在杭州拍了很多　　答案：A
4. 我明天来看你的照片吧。
   A. 没问题　　B. 我喜欢拍照片　　答案：A
5. 我大概六点半来你的宿舍。
   A. 宿舍在哪儿　　B. 好的，我等你　　答案：B
6. 你旅游的时候要注意安全。
   A. 知道了　　B. 我一定多吃点儿　　答案：A

课文一

▶▶ （老师带哈利、丽莎等同学在西湖旅游）

老师： 同学们，这里就是杭州最有名的风景区——西湖。等会儿我们坐船在西湖上游览，大家可以先在这里照相。

哈利： 西湖真大啊。

丽莎： 在西湖边上散步真不错。

第十五课 西湖很美

哈利：晚上一定也很漂亮。

老师：下雪的时候，西湖的景色更美。

丽莎：杭州常常下雪吗？

老师：不常下雪，但是常下雨，特别是三四月的时候常常下雨。

哈利：那下雪的时候，我一定要来看看。

老师：同学们，船到了，大家上船吧，注意安全。

二、练习

听两遍课文口头回答问题

1. 他们今天在什么地方旅游？
2. 哈利觉得西湖大不大？
3. 西湖常常下雪吗？
4. 西湖什么时候常常下雨？
5. 老师说，上船的时候要注意什么？

课文二

▶▶（丽莎在路上见到她的同学）

同学：丽莎，你在杭州拍的照片怎么样？

丽莎：我下午去照相馆取。

同学：杭州好玩儿吗？

丽莎：非常好玩儿。我最喜欢在西湖上划船，还照了很多风景照。

同学：我晚上来看你的照片，可以吗？

丽莎：当然可以啊。

同学：你什么时候有空？

丽莎：你晚饭以后来吧，大概七点半。

同学：那我七点三刻去吧。

二、练习

听两遍课文，边听边填空

丽莎在 杭州 拍了很多照片，下午去 照相馆 取。她最喜欢在 西湖上 划船。丽莎晚饭后大概 七点半 有空，她的同学 七点三刻 去她的宿舍看照片。

单元练习(五)

一、听句子，判断哪种说法正确

1. 哈利以前没来过中国。
   A. 哈利第一次来中国。　　B. 哈利来过中国。　　答案：A

2. 晚饭以后看看书、听听音乐。
   A. 晚饭后看电视。　　B. 晚饭后看书。　　答案：B

3. 他不太习惯喝绿茶，喜欢红茶或者咖啡。
   A. 他很喜欢绿茶。　　B. 他喜欢咖啡。　　答案：B

4. 我很喜欢我的宿舍，不过离学校有点儿远。
   A. 宿舍离学校比较远。　　B. 他住在学校。　　答案：A

5. 我想借一本《杭州旅游景点介绍》看看。
   A. 我想去杭州。　　B. 我想借书。　　答案：B

6. 金大永去机场接朋友了。
   A. 金大永在家。　　B. 金大永的朋友来了。　　答案：B

7. 西湖的风景很美，大家拍照吧。
   A. 西湖很漂亮。　　B. 大家都喜欢拍照。　　答案：A

8. 已经7点10分了，我们走吧。
   A. 现在7点20分。　　B. 现在7点10分。　　答案：B

9. 丽莎买了一块丝绸，绿色的。
   A. 丽莎买的丝绸是绿色的。　　B. 丽莎买的丝绸是蓝色的。　　答案：A

10. 请大家看书，第34页，请跟我读课文。
    A. 他们在图书馆。　　B. 他们在教室。　　答案：B

57

二、听对话，选择正确答案

1. 男：我想坐公共汽车去公园。
   女：周末坐公共汽车的人太多了，骑自行车去吧。
   问：他们怎么去公园？
   A. 骑自行车　　　B. 打的　　　C. 坐公共汽车　　　答案：A

2. 男：我住在美丽园宾馆2203房间，哈利的房间是2303。
   女：哦，你们不是住一个房间吗？
   问：下面哪种说法正确？
   A. 男的和哈利住在一个房间
   B. 哈利的房间是2203
   C. 男的和哈利不住在一个房间　　　答案：C

3. 男：听说杭州很漂亮。
   女：可我喜欢苏州。
   问：女的喜欢什么地方？
   A. 杭州　　　B. 都喜欢　　　C. 苏州　　　答案：C

4. 男：你喜欢红色还是黄色？
   女：我喜欢红色。
   问：女的喜欢什么颜色？
   A. 都喜欢　　　B. 红色　　　C. 黄色　　　答案：B.

5. 男：明天下午我要取照片，在杭州照的。
   女：我想看看。
   问：下面哪种说法正确？
   A. 他们在看照片　　B. 照片还没有取　　C. 他们要去杭州　　答案：B

6. 男：你家的电话还是64381022吗？
   女：不是，你忘了？是66056618。
   问：女的家里的电话号码是多少？
   A. 64381022　　　B. 66056678　　　C. 66056618　　　答案：C

单元练习（五）

7. 男：听说你们班现在有 25 个学生，对吗？

　　女：哪儿啊？后来又来了两个学生。

　　问：女的班里现在有多少个学生？

　　　A. 20 个　　　　　　B. 25 个　　　　　　C. 27 个　　　　答案：C

8. 男：金大永从西安回来了吗？

　　女：回来了，不过昨天去香港旅游了。

　　问：金大永现在在哪儿？

　　　A. 在上海　　　　　B. 在西安　　　　　C. 在香港　　　答案：C

9. 男：告诉妈妈，我今天晚上不回家吃饭了。

　　女：爸，那你几点回来呢？

　　问：男的在和谁说话？

　　　A. 他的女儿　　　　B. 他的太太　　　　C. 他的老师　　答案：A

10. 男：听说中国的宾馆里一般都有毛巾、牙刷什么的。

　　女：可不是，这样比较方便。

　　问：女的是什么意思？

　　　A. 宾馆里有毛巾、牙刷

　　　B. 宾馆里没有毛巾、牙刷

　　　C. 宾馆里的毛巾、牙刷不好　　　　　　　　　　　　　答案：A

第十六课　可以借我用一下儿吗

句子练习

二、听句子，从 A、B 两句中选出恰当的回答

1. 小姐，我要一瓶啤酒。
   A. 要冰的吗？　　　　　　　　B. 啤酒很便宜。　　　　答案：A

2. 你的笔借我用一下儿，可以吗？
   A. 你的笔真多。　　　　　　　B. 没问题。　　　　　　答案：B

3. 这条裤子样子不错，不过我觉得黑色的比较好。
   A. 好吧，听你的。　　　　　　B. 我要买一条裤子。　　答案：A

4. 我家附近新开了一家饭馆儿。
   A. 我们一块去吃吧。　　　　　B. 先坐汽车，再换地铁。答案：A

5. 你觉得这双旅游鞋怎么样？
   A. 我要去旅游。　　　　　　　B. 不错，你试试看。　　答案：B

6. 你和你的同屋怎么样？
   A. 柜子上边的书是我同屋的。　B. 我们互相帮助，很愉快。答案：B

7. 这个公园人真多呀！
   A. 是呀。有的在散步，有的在踢球。　B. 南方有点儿热。　答案：A

8. 啊！这么多日本菜呀！
   A. 是呀。我同屋是日本人。　　B. 我不会做日本菜。　　答案：A

9. 你一直习惯吃辣吗？
   A. 对。我以前不喜欢，现在喜欢吃一点儿。
   B. 对。我是四川人，喜欢吃辣的。　　　　　　　　　　答案：B

10. 我们自己去，还是跟旅游团去北京？
    A. 跟旅游团吧，比较方便。　　B. 他没时间去买。　　　答案：A

课文一

▶▶（黄佳佳和金大永一起坐火车去北京。在火车上）

黄佳佳：金大永，你带词典了吗？

第十六课　可以借我用一下儿吗

金大永：带了。

黄佳佳：可以借我用一下儿吗？我的没拿，在家里。

金大永：可以。我放在旅行包里了，我给你拿。

黄佳佳：谢谢。我不知道这几个词是什么意思。我想在词典里找找看。

金大永：哪几个词？我看看。

黄佳佳：喏，就是这本书上的几个词。

金大永：哦，这个词是"景点"，那个是"介绍"……这些词，我们已经学了呀，你忘了？

黄佳佳：这个，……啊，已经很晚了，我想睡觉了。

金大永：呵呵，你是第一次在火车上睡觉吧？

黄佳佳：是呀。你呢？

金大永：我是第二次。第一次是和哥哥一块儿去西安。

黄佳佳：哦，我们快休息吧。明天早上就到北京了。

二、练习

（一）听两遍课文辨别对错

1. 金大永没有带词典。　　　　　　　　（错）
2. 黄佳佳的词典不见了。　　　　　　　（错）
3. 金大永的词典在旅行包里。　　　　　（对）
4. 黄佳佳不知道这几个词的意思。　　　（对）
5. 黄佳佳第二次在火车上睡觉。　　　　（错）

（二）再听一遍课文，口头回答问题

1. 金大永带词典了吗？
2. 黄佳佳为什么要用词典？
3. "景点"这个词他们学过没有？
4. 金大永第几次在火车上睡觉？
5. 金大永和谁一块儿去西安？
6. 他们什么时候到北京？

课文二

▶▶（第二天早上）

金大永：黄佳佳，你看，我们到北京了。

黄佳佳：北京真漂亮啊！我们先去找饭店吧！啊，我觉得有点儿冷。

金大永：是呀。这儿的秋天比较冷。我们还是先去商店买一件大衣吧！

黄佳佳：那我们的旅行包怎么办？还是先去饭店吧！

金大永：行，听你的。

（在商店）

黄佳佳：金大永，这件白色的大衣怎么样？

金大永：挺好看的，样子、颜色都很好。

黄佳佳：好看是好看，可是我觉得有点儿贵，有便宜一点儿的吗？

金大永：那你看这件怎么样？

黄佳佳：这件样子也不错，不过我比较喜欢红色的，你觉得呢？

金大永：我觉得也可以。

黄佳佳：小姐，给我一件红色的。

二、练习

（一）听两遍课文，选择正确答案

1. 黄佳佳觉得北京怎么样？
   A. 北京很大　　　　　B. 北京很漂亮　　　　　答案：B
2. 他们先做什么？
   A. 买大衣　　　　　　B. 找饭店　　　　　　　答案：B
3. 现在是冬天吗？
   A. 不是　　　　　　　B. 是　　　　　　　　　答案：A
4. 他们觉得第一件大衣怎么样？
   A. 第一件大衣挺好看的，就是有点儿贵。
   B. 第一件大衣样子不错，可是颜色不喜欢。　　答案：A

第十六课　可以借我用一下儿吗

5. 黄佳佳喜欢什么颜色的？
   A. 白色　　　　　　B. 红色　　　　　　答案：B
6. 他们后来买什么颜色的？
   A. 白色　　　　　　B. 红色　　　　　　答案：B

（二）听短文，说出与刚才听到的课文不一样的地方

　　第二天，黄佳佳和金大永到北京以后，黄佳佳觉得北京很大。天冷了，他们先去商店买大衣。第一件大衣不贵，样子也不错，不过黄佳佳不喜欢大衣的颜色。第二件大衣好看是好看，可是有点儿贵。最后黄佳佳买了一件红色的大衣。她觉得那件又便宜又好看。

泛听练习

二、听短文，边听边填空

　　黄佳佳和金大永到北京的第 二 天，他们去故宫玩儿。在故宫门口，他们遇到了一个旅游团。旅游团里的都是 留学生 。他们有的是从 韩国来的，有的是从 印度尼西亚来的 。能在北京遇到自己国家来的朋友，黄佳佳和金大永都很高兴。那天从 早上 到 下午 ，他们 一直 跟旅游团 一块儿 玩儿。除了故宫，他们还去了北海公园。他们互相帮助，又照相又划船，玩得 很愉快 。

三、听两遍短文，听后填表

　　黄佳佳和金大永在北京玩儿了六天。他们是坐火车去北京的。到北京的第一天，他们先找了宾馆，黄佳佳还去商店买了一件红色的大衣。第二天，他们坐地铁去故宫。在故宫，他们和一个旅游团一起玩。第三天，他们去爬长城。他们是坐旅游大巴去的。路上，他们互相关心，互相帮助，玩儿得很高兴。第四天，他们坐公共汽车去香山。香山很漂亮。他们觉得又累又愉快。北京有很多风景很美的公园。第五天，他们步行去了附近几个有名的公园。第六天，他们坐飞机回上海。

shíjiān 时间	xíngchéng ānpái 行程　安排	gōngjù 工具
第一天	找宾馆，去商店买一件红色大衣	坐火车到北京
第二天	去故宫（Gùgōng），和一个旅游团一起玩	坐地铁去
第三天	去爬长城	坐旅游大巴去
第四天	去香山。香山很漂亮，他们玩得又累又愉快	坐公共汽车去
第五天	去宾馆附近几个有名的公园	步行
第六天	回上海	坐飞机回

第十七课　咱们去公园怎么样

句子练习

二、听句子，从A、B两句中选出恰当的回答

1. 金大永，我爸爸要来看我了！
   A. 你高兴吧？　　　B. 我爸爸今年六十了。　　　答案：A

2. 别爬了，我们休息一下儿吧？
   A. 今天公园人不多。　　　B. 好的，我们坐一会儿，喝点儿水。　答案：B

3. 叫黄佳佳和我们一起去商店，好吗？
   A. 商店在哪儿？　　　B. 好啊！　　　答案：B

4. 丽莎在哪儿？
   A. 她大概还在吃饭。　　　B. 丽莎是我的同屋。　　　答案：A

5. 我们下午要去公园。
   A. 你们下午没有课吗？　　B. 学校在公园旁边。　　答案：A

6. 你看，这个公园有山有水。
   A. 是呀，真美呀。　　　B. 公园不用买票。　　　答案：A

7. 李阳大概还在睡觉。
   A. 我不想睡了。　　　B. 不会吧？都十点了。　　　答案：B

8. 芳子，我陪你去买汉语词典吧。
   A. 那太好了。　　　B. 这本汉语词典很贵。　　　答案：A

9. 快走吧，要迟到了。
   A. 还有十分钟呢。　　　B. 明天不上课。　　　答案：A

10. 我对中国电影很感兴趣。你呢？
    A. 我在电影院。　　　B. 我不感兴趣。　　　答案：B

课文一

▶▶ (下课后)

芳子：丽莎，下午没有课，你要做什么？

丽莎：不知道。可能在宿舍睡觉吧！

芳子：那多没意思！你陪我去公园怎么样？

丽莎：好啊，怎么去呢？

芳子：公园离我们学校有点儿远。我们从学校出发，坐公共汽车去，好吗？

丽莎：好。对了，我的同屋黄佳佳对公园很感兴趣。她跟我们一起去怎么样？

芳子：好啊，人多热闹。不过，她昨天不是刚去过公园吗？今天还会去吗？

丽莎：你等一下儿，我打电话问她。对了，现在几点了？她大概还在吃饭吧。

芳子：咳，都下午一点了。她肯定吃完饭了。

丽莎：对了，你给李阳打个电话吧，问他去不去。

芳子：好主意。叫他跟我们一起去！

二、练习

(一) 听两遍课文辨别对错

1. 今天下午丽莎没有课。　　　　　　　　(对)
2. 丽莎陪芳子去公园。　　　　　　　　　(对)
3. 公园离学校不太远。　　　　　　　　　(错)
4. 他们坐出租车去公园。　　　　　　　　(错)
5. 黄佳佳不喜欢公园。　　　　　　　　　(错)
6. 黄佳佳昨天去过公园。　　　　　　　　(对)
7. 李阳跟他们一起去公园不太好。　　　　(错)

(二) 再听一遍，根据课文内容填空

1. 芳子觉得下午在宿舍睡觉 <u>太没意思了</u>。

第十七课　咱们去公园怎么样

2. 他们从 <u>学校</u> 出发去公园。

3. <u>丽莎和黄佳佳住一个宿舍。</u>

4. 他们说话的时候已经下午 <u>一</u> 点了。

课文二

▶▶（芳子、丽莎和李阳在公园里）

芳子：丽莎，你看，这个公园有山有水，真美呀！

丽莎：是啊。可以爬山，还可以划船。李阳，我们一块儿去爬山吧！

李阳：好啊。

芳子：好是好，不过丽莎，你的感冒不是刚好吗？爬山会不会太累了？

丽莎：没关系。我现在的身体挺好的。

李阳：是呀。我们慢慢儿地走，要是累了就休息一下儿，怎么样？

丽莎：我同意。我对爬山最感兴趣了。出发吧！

李阳：每天早上来这儿爬山的人可多了。现在是下午，人才少点儿。

芳子：是吗？可能是因为山上空气好吧？

李阳：可能是吧。

芳子：那我们快走吧！到山上看看。

丽莎：等一下，我渴了，我们在前面休息一下儿，喝点儿水怎么样？

二、练习

（一）听两遍课文，选择正确答案

1. 他们在公园干什么？

　　A. 爬山　　　　　B. 划船　　　　　　　　答案：A

2. 谁的感冒刚好？

　　A. 芳子　　　　　B. 丽莎　　　　　　　　答案：B

3. 谁对爬山最感兴趣？

　　A. 芳子　　　　　　B. 丽莎　　　　C. 李阳　　　　答案：B

4. 什么时候公园里爬山的人多？

　　A. 早上　　　　　　B. 下午　　　　C. 晚上　　　　答案：A

5. 李阳以前爬过这座山没有？

　　A. 爬过　　　　　　B. 没爬过　　　　　　　　　　答案：A

6. 爬了一会儿，丽莎要做什么？

　　A. 她累了，不想爬了　B. 她渴了，想喝点儿水　　　答案：B

（二）听短文，说出与刚才听到的课文不一样的地方

　　今天上午，李阳和丽莎、芳子一起在公园玩儿。这个公园有山有水，美极了。芳子最喜欢爬山，她想去爬山，可是她的身体不太好，所以他们慢慢儿地爬。爬山的人很多，爬了一会儿，芳子累了，他们就下山去划船了。这一天他们玩儿得很高兴。

泛听练习

二、听两遍短文，听后给下列句子编序号

　　昨天，芳子的爸爸妈妈从日本来上海看她。芳子去机场接他们。他们先去饭店订房间。放好行李，芳子陪爸爸妈妈去浦东玩儿。他们参观了东方明珠电视塔。下午，他们坐地铁去南京路，在那儿买了很多东西。吃完晚饭，他们又去外滩坐游船。芳子的爸爸妈妈都说，外滩的夜景非常漂亮。

（3）去浦东

（1）去机场

（2）订房间

(5) 吃晚饭

(4) 去南京路

(6) 看外滩夜景

三、听两遍对话,听后表演

唐老师:丽莎,你怎么又迟到了?

丽　莎:对不起,老师。今天早上,我的表坏了。

唐老师:好吧。以后不要迟到了。你看,都八点二十了。

丽　莎:不对,老师,应该是八点十八分。我的表可准了,从来没坏过。

唐老师:啊?

第十八课　就要考试了

句子练习

二、听句子，从A、B两句中选出恰当的回答

1. 电影快要开始了。
   A. 我们快进去吧。　　B. 电影一开始我就睡着了。　　答案：A

2. 就要考试了。
   A. 今天考试太难了。　　B. 该好好复习了。　　答案：B

3. 太好了，不下雨了！
   A. 我还没做完呢。　　B. 要是不下雨了，我就回家。　　答案：B

4. 走，吃饭去。
   A. 去哪儿吃？　　B. 这儿的饭菜不好吃。　　答案：A

5. 今天上课听写生词了。
   A. 晚上复习吧。　　B. 难不难？　　答案：B

课文一

▶▶（在宿舍）

金大永：哈利，你怎么不出去玩儿？

哈　利：我要复习。就要考试了。

金大永：是吗？什么时候考试？

哈　利：下星期一有读写课考试。你忘了吗？

金大永：这个，我当然没忘。今天星期六，明天复习就行了。

哈　利：金大永，前几天你生病，没上课。还是和我一起看书吧。

金大永：如果你帮我复习，我就看书。

哈　利：你呀，好吧。我们先复习生词。

第十八课　就要考试了

金大永：好，不过你陪我去一下商店，怎么样？

哈　利：去商店做什么？

金大永：这个……我喜欢一边看书，一边吃东西。如果没吃的，我就……

哈　利：知道了，先生。我这里有水果，不用去商店了。

二、练习

（一）听两遍课文辨别对错

1. 哈利在复习。　　　　　　　　　　（对）
2. 今天是星期日。　　　　　　　　　（错）
3. 下个星期有听力课考试。　　　　　（错）
4. 前几天哈利没上课。　　　　　　　（错）
5. 金大永帮哈利复习。　　　　　　　（错）
6. 他们复习前先去商店买东西了。　　（错）
7. 哈利这里有水果。　　　　　　　　（对）

（二）再听一遍，根据课文内容填空

这个 周末 ，哈利在宿舍 看书 。因为他们 下个星期 有 读写 课考试。金大永说如果 哈利 帮 他 复习，他就 看书 。哈利答应 了 。他们想先复习 生词 。不过金大永说要先去 商店 ，因为他习惯一边 吃东西 一边 复习 。

课文二

▶▶（金大永和哈利在复习……）

金大永：哈利，休息休息吧。别看书了。

哈　利：金大永，你怎么这么不喜欢看书？

金大永：说实在的，我最喜欢看书了。不过今天星期六，该休息休息。

哈　利：你一个小时前刚吃了一个苹果，两个橘子，还睡了一会儿，这不是休息吗？

金大永：这个，不是，我说的休息是去商店走走。

哈　利：又去商店？今天肯定人多，还是别去了。

金大永：我想去买一双旅游鞋。我的鞋坏了。

哈　利：可我还没复习完呢。

金大永：我也一样。休息一会儿再复习，行吗？跟我去吧。

哈　利：那我们买了鞋就回来复习语法。

金大永：好，好。没问题。

二、练习

（一）听两遍课文，选择正确答案

1. 谁想休息？
    A. 金大永　　　　　　　　B. 哈利　　　　　　答案：A

2. 金大永在一个小时前做什么了？
    A. 他吃了水果，还睡了一会儿　B. 他去商店买鞋了。　答案：A

3. 金大永想去哪儿？
    A. 公园　　　　　　　　　B. 商店　　　　　　答案：B

4. 哈利为什么不想去商店？
    A. 因为他不喜欢商店　　　B. 因为今天商店人多　答案：B

5. 金大永想买什么？
    A. 旅游鞋　　　　　　　　B. 旅游包　　　　　答案：A

6. 回来后他们做什么？
    A. 复习生词　　　　　　　B. 复习语法　　　　答案：B

单元练习（六）

一、听一遍短文，回答问题 🎧

（一）金大永的哥哥金正永明天就要来上海了。今天晚上金大永很忙，在宿舍里又是洗衣服，又是扫地、擦桌子。每天晚上都要写的汉字也没写。

问：金大永原来每天晚上要做什么？　答：他每天晚上 写汉字 。

（二）李　芳：黄佳佳，这个寒假你打算去哪儿玩儿？

黄佳佳：我想去北京玩儿几天。

李　芳：欢迎你去我们北京玩儿。对了，你可以住在我家。

黄佳佳：太好了。

问：李芳家在哪里？　答：李芳家在 北京 。

（三）昨天晚上我和爸爸妈妈一起去看电影，可是路上堵车了，到电影院的时候，电影已经开始了。结果这个电影的前面十五分钟，我和爸爸妈妈都没能看到。

问：他们到电影院时，电影大概已经开始多长时间了？

答：他们到电影院时，电影大概已经开始 十五分钟了了 。

二、听两遍对话，听后口头回答问题 🎧

（哈利和金大永在商店门口）

哈　利：怎么下雨了？真糟糕。

金大永：是呀，我们都没带伞。哈利，我们还是在商店里再看看吧。

哈　利：你已经买了旅游鞋了，还想买什么吗？

金大永：没有。可是你看，下雨了，没带雨伞，现在不能走，我们再逛逛吧。

哈　利：可是我有点儿累了。

金大永：那我们在那边的咖啡馆儿里坐一会儿吧。

哈　利：好的。如果你请我吃冰淇淋，那就更好了。

金大永：没问题，我请你。今天你又帮我复习，又陪我买鞋。

哈　利：哈哈！是该好好谢谢我。你昨天还吃了我的水果！

金大永：呵呵。这个……你看，雨停了。太阳出来了。

哈　利：天晴了，空气真好。金大永，我们不去咖啡馆儿了，还是回去复习吧。

金大永：天哪！

问题：

1. 他们在什么地方说话？
2. 他们带雨伞了没有？
3. 金大永买到旅游鞋了没有？
4. 金大永还想买什么？
5. 哈利为什么不想再逛商店了？
6. 谁请谁吃冰淇淋？
7. 谁吃了谁的水果？
8. 后来他们去咖啡馆儿了没有？为什么？

三、听短文，复述主要内容

　　金大永想买一双旅游鞋，哈利陪他去商店。买好旅游鞋，他们要回家时，下雨了。他们俩都没有带伞，不能回家了。金大永想请哈利去旁边的咖啡馆儿坐一会儿，请哈利吃冰淇淋。今天哈利又帮他复习，又陪他买鞋，所以金大永想好好谢谢他。这时候，雨停了，哈利说还是应该回去复习。

第十九课　学了两个月的汉语了

句子练习

二、听句子，选择图画

1. 小王在花店给朋友买花。

答案：

A.

2. 游泳是很好的运动。

答案：

B.

3. 我最爱吃的水果是苹果和西瓜。

答案：

C.

4. 金大永刚从银行换钱出来。

答案：

A.

5. 李阳家附近有732和43路车站。

答案：

A.

三、听句子，从A、B两句中选出恰当的回答

1. 从这儿到学校才半个小时。

　　问：说话人觉得这儿离学校远吗？

　　A. 不远　　　　B. 很远　　　　　　　　答案：A

2. 这件衣服有点儿大，有小一点儿的吗？

　　问：说话人对这件衣服满意吗？

　　A. 不满意　　　B. 满意　　　　　　　　答案：A

3. 黄佳佳今天早上8点半就到教室了。

   问：黄佳佳今天到学校早吗？　　　　　　　　　　答案：A

   A. 早　　　　　　　　B. 不早

4. 来中国以后，我才开始学习汉语。

   问：她以前学过汉语吗？　　　　　　　　　　　　答案：B

   A. 学过　　　　　　　B. 没学过

5. 我们中午11点就来了，现在都3点半了。

   问：她们大概逛了多长时间？　　　　　　　　　　答案：B.

   A. 3个多小时　　　　B. 4个多小时

课文一

▶▶ （下课后）

黄佳佳：哈利，来中国以前你学过汉语吗？

哈　利：没有，来中国以后我才开始学习汉语。

黄佳佳：那你说得真不错。

哈　利：哪儿啊，还差得远呢。

黄佳佳：现在你常常和中国人说话吗？

哈　利：有时候说一些。买东西、在餐厅吃饭的时候常常说。

黄佳佳：他们说的话你明白吗？

哈　利：他们说得有点儿快，所以我常常对他们说："请你说慢点儿"。

黄佳佳：没关系，你才学了两个月的汉语。

哈　利：唉，我觉得汉语太难学了。

黄佳佳：你觉得什么最难？

哈　利：汉字和语法最难。

黄佳佳：我的汉字也不好，不过我的语法不错。

第十九课 学了两个月的汉语了

二、练习

(一) 听两遍课文辨别对错

1. 哈利以前学过一点儿汉语。　　　　　　　　(错)

2. 哈利买东西的时候常常说汉语。　　　　　　(对)

3. 哈利学了两个多月的汉语了。　　　　　　　(对)

4. 哈利觉得学汉语不太难。　　　　　　　　　(错)

5. 黄佳佳的汉字也不好,不过她的语法不错。(对)

(二) 再听一遍课文,口头回答问题

1. 哈利以前学过汉语吗?

2. 哈利什么时候常常说汉语?

3. 哈利学了多长时间汉语了?

4. 哈利觉得学习汉语难不难?

课文二

▶▶ (在宿舍)

丽　莎:今天天气真不错,咱们去逛街吧?

黄佳佳:好啊,我想买衣服。

丽　莎:那去南京路怎么样?

黄佳佳:南京路人太多了,去淮海路吧。

(她们在逛淮海路)

丽　莎:淮海路真漂亮啊,商店也很多。

黄佳佳:是啊,外国人比较喜欢淮海路。

丽　莎:我是第一次来。哎呀!我们都逛了3个小时了。

黄佳佳:是啊,我们12点就到这儿了,现在都3点了。

丽　莎:今天买的衣服你满意吗?

黄佳佳:非常满意,又便宜又好看。

丽　莎：我们坐什么回去呢？

黄佳佳：坐地铁吧，又快又方便。

二、练习

(一) 听两遍课文，选择正确答案

1. 今天天气怎么样？
   A. 不太好　　　B. 很好　　　C. 下雨了　　　答案：B
2. 黄佳佳想买什么？
   A. 衣服　　　B. 书　　　C. 水果　　　答案：A
3. 黄佳佳和丽莎逛什么路？
   A. 上海路　　　B. 南京路　　　C. 淮海路　　　答案：C
4. 淮海路怎么样？
   A. 商店不多　　　B. 人太多　　　C. 外国人比较喜欢　答案：C
5. 他们逛了多长时间？
   A. 2个小时　　　B. 3个小时　　　C. 4个小时　　　答案：B
6. 他们坐什么回去？
   A. 地铁　　　B. 出租车　　　C. 公共汽车　　　答案：A

(二) 听短文，说出与刚才听到的课文不一样的地方

今天天气很好，丽莎和黄佳佳想去买衣服。她们去了南京路。黄佳佳是第一次去南京路。她们在南京路逛了两个小时，她们是十一点到的，逛到下午一点，然后去吃麦当劳。吃完午饭她们坐地铁回学校。

泛听练习

二、听两遍短文，然后填空

金大永想去 <u>理发</u>，他问黄佳佳附近哪家 <u>理发店</u> 好。黄佳佳说超市 <u>旁</u>

第十九课　学了两个月的汉语了

边那家理发店很好。金大永问那家理发店叫什么<u>名字</u>。黄佳佳说:"叫'美丽友 美发店',早上<u>10点</u>半开门,晚上<u>11点</u>才关门。"金大永说:"哦,开门晚,关门也晚啊。那家店贵不贵啊?"黄佳佳告诉他:"<u>洗头</u>10块,<u>剪头发</u>一般也是10块。不过烫头发比较贵,要<u>150块</u> <u>左右</u>。"

三、听两遍对话,听后口头回答问题 🎧

丽莎:哈利,快请进。

哈利:吃晚饭了吗?

丽莎:吃了,和朋友在餐厅吃的四川菜。

哈利:好吃吗?

丽莎:挺好吃的。这是杭州的照片,你看看吧。

哈利:哦,每张都很漂亮。这是在哪里?

丽莎:龙井村。那里生产有名的龙井茶。

哈利:你买龙井茶了吗?

丽莎:没买,因为我还不太习惯喝绿茶。芳子买了很多,她说她的父亲非常喜欢中国的绿茶。

哈利:你没买什么东西吗?

丽莎:我给我妈妈买了一块丝绸,蓝色的,很漂亮。

哈利:啊,是很漂亮,多少钱?

丽莎:你猜猜?

问题:

1. 丽莎今天晚上吃什么菜?
2. 丽莎习惯吃中国菜吗?
3. 龙井村在什么地方?
4. 丽莎为什么没有买绿茶?
5. 谁买绿茶了?她是给谁买的?
6. 丽莎买了什么?什么颜色的?

第二十课　别把手机放在桌子上

句子练习

二、听句子，选择图画

1. 黄佳佳坐火车去杭州旅游。

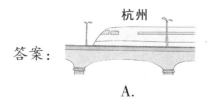

答案：A．

2. 教室里有一位老师，四个学生。

答案：C．

3. 这是哈利和他的妹妹。

答案：A．

4. 今天是12月18号。

答案：A．

5. 丽莎把书包放在书桌里了。

答案：C．

三、听句子，从A、B两句中选出恰当的回答

1. 这是我第一次在中国坐火车。

　　A. 觉得有意思吗　　　　B. 坐汽车不方便　　　　答案：A

2. 你以前在火车上睡过觉吗？

　　A. 坐火车很慢　　　　B. 没有　　　　答案：B

第二十课　别把手机放在桌子上

3. 把这些画儿贴在教室后面好不好?
   A. 我觉得可以　　　　B. 我不会画画儿　　　　答案：A

4. 你的手机呢?
   A. 你知道我的手机号码吗　B. 我把它放在桌子上了　　答案：B

5. 把这些彩灯挂在哪儿?
   A. 把它们挂在黑板上　　B. 在哪儿买彩灯　　　　答案：A

课文一

▶▶（在旅途中）

芳子：你看外面下小雨了。

哈利：下雨的时候看风景也很漂亮。

芳子：这是我第一次在中国坐火车，觉得特别有意思。

哈利：是啊，我虽然坐过很多次了，但每次的感觉都不一样。

芳子：在我们国家，坐火车最长的时间是6个小时。

哈利：可是我们今天要坐22个小时。你以前没在火车上睡过觉吧?

芳子：是啊，也没有在火车上吃过饭。

哈利：你别把手机放在桌子上，这样会忘记拿的。

芳子：你说得对！上周我吃饭的时候就把手机放在桌子上，走的时候忘了。

哈利：那丢了吧?

芳子：没有，服务员发现了，提醒了我。

二、练习

（一）听两遍课文辨别对错

　　1. 外面天气不错，晴天。　　　　（错）

　　2. 雨中看风景不太漂亮。　　　　（错）

　　3. 芳子以前没在中国坐过火车。　（对）

4. 哈利不是第一次坐火车。（对）

5. 他们今天要坐6小时火车。（错）

6. 芳子的手机上周丢了。（错）

课文二

▶▶（芳子和金大永在布置教室）

芳　子：把这些画儿贴在教室后面好不好？

金大永：还是把它们贴在两边吧。

芳　子：好的。把这五张桌子搬出去吧，留下十张够了。

金大永：把这些彩灯挂在哪儿？

芳　子：把彩灯挂在黑板上。哦，对了，我们买的圣诞礼物呢？

金大永：我把它们放在老师办公室了。

芳　子：等会儿把它们拿来，放在教室后边吧。

金大永：好的，黑板上写什么字呢？

芳　子：写"圣诞晚会"，然后再画一些花儿。

金大永：还有，别忘了走的时候，把不要的东西都拿走。

芳　子：好。

二、练习

（一）听两遍课文，选择正确答案

1. 他们把这些画儿贴在哪儿了？

　　A. 教室后面　　B. 教室前面　　C. 教室两边　　答案：C

2. 他们把几张桌子搬出去了？

　　A. 五张　　B. 十张　　C. 十五张　　答案：A

第二十课　别把手机放在桌子上

3. 他们把这些彩灯挂在哪儿了？
   A. 桌子上　　　　B. 黑板上　　　　C. 墙上　　　　答案：B
4. 他们买圣诞礼物了吗？
   A. 没买　　　　　B. 现在去买　　　C. 买了　　　　答案：C
5. 芳子说把圣诞礼物放在哪儿？
   A. 老师办公室　　B. 教室后边　　　C. 教室中间　　答案：B
6. 走的时候把什么拿走？
   A. 不要的东西　　B. 花儿　　　　　C. 圣诞礼物　　答案：A

泛听练习

二、听短文，听后口头回答问题并填空

昨天 晚上8点 ，哈利和金大永在一家酒吧 喝酒 ，他们要了 两 大杯青岛啤酒。他们一边喝一边 聊天 。 周末 的时候，他们常常来这家酒吧，酒吧服务员都 认识 他们了。他们听说这家酒吧的老板很 年轻 ，刚刚大学 毕业 。他们一直到晚上 11点 多才离开，走的时候，哈利又把手机放在 桌子上 了，服务员赶紧告诉哈利："别 忘了 您的手机。"

问题：

1. 哈利和金大永什么时候，在哪儿喝酒？
2. 他们喝了什么酒？
3. 他们常来这家酒吧吗？
4. 这家酒吧的老板怎么样？
5. 他们喝了多长时间？
6. 谁把手机忘在桌子上了？
7. 服务员告诉哈利什么？

第二十一课　我是一点钟吃的药

句子练习

二、听句子，从A、B两句中选出恰当的回答

1. 大永，你是几点到这里的？
   A. 现在6点。　　　　B. 6点。　　　　答案：B

2. 今天天气不好，所以我不去逛街了。
   A. 明天不下雨。　　B. 我也不去了。　答案：B

3. 听说你今天身体不舒服，是吗？
   A. 我头疼。　　　　B. 我没有去医院。　答案：A

4. 你发烧了，应该去医院看看。
   A. 去哪家医院呢？　B. 我今天不去学校。　答案：A

5. 丽莎得了什么病？
   A. 她去医院了。　　B. 她感冒了。　　答案：B

6. 大夫，请问我要打针吗？
   A. 不需要，先吃点儿药。　B. 在二楼打针。　答案：A

课文一

▶▶（在宿舍）

黄佳佳：丽莎，你怎么了？脸色不太好。

丽　莎：我头疼得厉害，可能是感冒了。

黄佳佳：你应该去医院看看，我可以陪你去。

丽　莎：不用了，我吃点儿药休息休息。

黄佳佳：你最好量量体温，是不是发烧了。我这里有体温表。

第二十一课　我是一点钟吃的药

丽　　莎：好的，谢谢。

(5分钟后)

黄佳佳：哎呀，你发烧了，38度，还是去医院吧。

丽　　莎：那吃完午饭去吧。

(在医院)

大　　夫：你哪儿不舒服？

丽　　莎：我头疼，嗓子也不舒服。

大　　夫：你先量一下体温。……你发烧了，38度。让我看看你的嗓子。

丽　　莎：啊——

大　　夫：嗓子有些红。你感冒了。

丽　　莎：要打针吗？

大　　夫：不需要，先吃点儿药吧。

二、练习

(一) 听两遍课文，选择正确答案

1. 谁病了？
   A. 丽莎病了　　　　　　B. 黄佳佳病了　　　　　答案：A

2. 她们什么时候去医院？
   A. 吃完晚饭　　　　　　B. 吃完午饭　　　　　　答案：B

3. 丽莎哪儿不舒服？
   A. 头疼　　　　　　　　B. 手疼　　　　　　　　答案：A

4. 丽莎需要打针还是吃药？
   A. 打针　　　　　　　　B. 吃药　　　　　　　　答案：B

(二) 再听一遍课文，口头回答问题

1. 丽莎怎么了？

2. 黄佳佳让丽莎做什么？

3. 丽莎体温是多少？

4. 丽莎对大夫说什么？

5. 丽莎得了什么病?

课文二

▶▶ (在宿舍)

黄佳佳：丽莎，今天好点儿了吗?

丽　莎：好点儿了，不发烧了。

黄佳佳：今天量过体温了吗?

丽　莎：量过了，37度。

黄佳佳：药吃了吗?

丽　莎：吃了。

黄佳佳：几点吃的药?

丽　莎：午饭后，大概1点钟吃的。

黄佳佳：现在快5点了，要再吃一次，对吗?

丽　莎：对，大夫说4个小时吃一次。

练习

(一) 听两遍课文辨别对错

1. 丽莎今天好点儿了。　　　　(对)
2. 丽莎不发烧了。　　　　　　(对)
3. 丽莎今天没量过体温。　　　(错)
4. 丽莎刚才是11点吃的药。　　(错)
5. 大夫说4个小时吃一次药。　(对)

(二) 再听一遍课文，边听边填空

　　丽莎今天好 一点儿 了，不 发烧 了。她今天量过 体温 了，37度。她 午饭 后大概 1点 吃的药。现在快 五点 了，可以再吃 一次 了，大夫说 4个小时 吃一次。

单元练习（七）

一、听一遍句子，选择正确答案

1. 最近去杭州旅游的人真不少。

   问：最近去杭州旅游的人多吗？

   A. 很多　　　　B. 不多　　　　C. 很少　　　　　　　　答案：A

2. 我怎么知道哈利去哪儿了？

   问：这句话是什么意思？

   A. 我知道哈利去哪儿了。　　　　B. 我不知道哈利去哪儿了。　答案：B

   C. 我想知道哈利去哪儿了。

3. 我们的行李都拿下来了。

   问：我们的行李在哪儿？

   A. 在上面　　　B. 在地上　　　C. 不知道　　　　　　　答案：B

4. 哈利把手机放在卧铺上，忘了拿下来。

   问：哈利的手机在哪儿？

   A. 口袋里　　　B. 手里　　　　C. 车上　　　　　　　　答案：C

5. 金大永是一个人去西安的。

   问：这句话是什么意思？

   A. 金大永是和朋友一起去西安的。

   B. 金大永是和同学一起去西安的。

   C. 金大永是自己去西安的。　　　　　　　　　　　　　　答案：C

6. 哈利在火车上照的照片不太清楚。

   问：什么照片不太清楚？

   A. 哈利在火车上拍的

   B. 哈利在山上拍的

   C. 哈利在出租车上拍的　　　　　　　　　　　　　　　　答案：A

二、听对话，选择正确答案

（金大永从西安旅游回来，他是坐飞机回来的，然后从浦东机场坐机场大巴回家。晚上丽莎给他打电话）

丽　莎：喂，大永，你是什么时候回来的？

金大永：哦，是丽莎啊，我是前天晚上回来的。

丽　莎：西安好玩儿吗？

金大永：太好玩儿了，我很喜欢游览名胜古迹。

丽　莎：是啊，你看过很多历史书，了解中国的历史。

金大永：我拍了很多照片，过两天洗好了给你看。

丽　莎：太好了，我今天打电话是想告诉你，我明天要去桂林旅游。

金大永：你一个人去吗？

丽　莎：我姐姐来了，我陪她一起去。

问题：

1. 金大永现在在哪儿？
   A. 西安　　　　B. 飞机场　　　　C. 家里　　　　答案：C
2. 金大永从机场是坐什么回家的？
   A. 出租车　　　B. 机场大巴　　　C. 飞机　　　　答案：B
3. 金大永是什么时候回来的？
   A. 前天晚上　　B. 昨天晚上　　　C. 今天晚上　　答案：A
4. 问：金大永觉得西安怎么样？
   A. 没意思　　　B. 很好玩　　　　C. 还可以　　　答案：B
5. 丽莎为什么给金大永打电话？
   A. 告诉金大永她姐姐来了
   B. 问金大永是什么时候回来的
   C. 告诉金大永她明天要去桂林　　　　　　　　　　答案：C
6. 丽莎是一个人去桂林吗？
   A. 是　　　　　B. 不是　　　　　C. 不知道　　　答案：B

第二十二课　我什么都不想吃

句子练习

二、听句子，辨别对错

1. "我什么都不想吃。"意思是"我很多东西不想吃。"　　　　　　　（错）
2. "你得打两天针，每天两针。"意思是"你一共得打四针。"　　　　（对）
3. "我头疼得厉害。"意思是"我的头很疼。"　　　　　　　　　　　（对）
4. "大夫，他的手受伤了，流血了。"意思是"他应该挂内科。"　　　（错）
5. "你怎么能都吃了？"意思是"你应该多吃一点儿。"　　　　　　　（错）
6. "我准备去做化验。"意思是"我已经去化验了。"　　　　　　　　（错）
7. "我已经等了半天了。"意思是"我等的时间很长。"　　　　　　　（对）
8. "你不是喜欢喝咖啡吗？"意思是"你不喜欢喝咖啡。"　　　　　　（错）
9. "我们的行李都从楼上拿下来了。"意思是"我们在楼下。"　　　　（对）
10. "这个菜是我从饭店买来的。"意思是"这个菜不是我自己做的。"（对）

课文一

▶▶ （黄佳佳在医院挂号窗口）

黄 佳 佳：我要挂号。
工作人员：挂什么科？
黄 佳 佳：什么科？我肚子疼，难受极了。
工作人员：挂内科。
黄 佳 佳：您看，这张纸上写的这些药，我吃了会不舒服。
工作人员：对不起，小姐，我这里只负责挂号。等一下看病时把它交给大夫就可以了。

黄 佳 佳：哦，实在对不起。我挂号，多少钱？

工作人员：没关系，五块钱。

黄 佳 佳：谢谢，给您。

工作人员：给，这是挂号单，把它带给大夫。内科在那边，二楼。

黄 佳 佳：我带这个挂号单去就可以了吗？

工作人员：对，当然还有你带来的那张纸，刚才给我看的那张。

二、练习

（一）听两遍课文，选择正确答案

1. 黄佳佳在干什么？
　　A. 吃药　　　　　　　　B. 挂号　　　　　　　答案：B
2. 黄佳佳怎么了？
　　A. 肚子疼　　　　　　　B. 嗓子疼　　　　　　答案：A
3. 她应该挂什么科？
　　A. 内科　　　　　　　　B. 外科　　　　　　　答案：A
4. 那张上面写了药名的纸是谁的？
　　A. 刚才大夫写的　　　　B. 黄佳佳带来的　　　答案：B
5. 挂号需要多少钱？
　　A. 五块钱　　　　　　　B. 一块钱　　　　　　答案：A
6. 内科在哪儿？
　　A. 这边十二楼　　　　　B. 那边二楼　　　　　答案：B

（二）再听一遍，根据课文内容填空

1. 那张纸上的药，黄佳佳吃了会 不舒服 。
2. 那个工作人员负责 挂号 。
3. 工作人员把 挂号单 交给黄佳佳。

第二十二课　我什么都不想吃

课文二

▶▶（在内科）

黄佳佳：您好，大夫，这是挂号单。他们叫我把它带给您。

大　夫：好的。你怎么了？

黄佳佳：我肚子疼。

大　夫：几天了。

黄佳佳：昨天开始的。两天了。

大　夫：吃饭怎么样？

黄佳佳：从昨天晚上开始，我什么都不想吃。

大　夫：拉肚子没有？

黄佳佳：拉肚子了。昨天晚上一共四次。

大　夫：昨天，你吃过什么东西？

黄佳佳：没什么呀。昨天中午，我朋友从北京回来，带了一只烤鸭，送给了我。我一个人把它都吃了。

大　夫：哦，你去化验一下大便吧。这是化验单。

黄佳佳：化验要很长时间吗？

大　夫：不用。一刻钟左右。在一楼化验。

二、练习

（一）听两遍课文辨别对错

1. 黄佳佳肚子疼已经两天了。　　　　　　　　　　（对）
2. 黄佳佳昨天晚上吃了很多东西。　　　　　　　　（错）
3. 黄佳佳昨晚拉肚子了。　　　　　　　　　　　　（对）
4. 昨天中午，黄佳佳一个人吃了一只烤鸭。　　　　（对）
5. 那只烤鸭是黄佳佳从北京买来的。　　　　　　　（错）
6. 化验时间很长，要三刻钟。　　　　　　　　　　（错）

（二）听短文，说出与刚才听到的课文不一样的地方

从昨天中午开始，黄佳佳的肚子就不舒服。晚上吃了点儿面条她就睡了。今天早上她拉肚子了，一共六次。她的肚子非常疼，也不想吃东西。她想可能是因为昨天中午吃的菜没洗干净。所以，下午黄佳佳就去药店买药了。

泛听练习

二、听两遍短文，听后填表

大夫告诉黄佳佳，她的病吃点儿药就行了。大夫开了药，黄佳佳先去药房付钱。她的药一共一百一十一块九毛。交完钱，药房工作人员把四种药递给她，告诉她：一种是药水，每天3次，饭前吃。三种药片，白的药片每天两次，每次两片；黄的药片每天三次，每次一片，都是饭后吃；还有一种红色的药片，不用每天吃，要是肚子不舒服，就吃一片。

这些药要 一百一十一元九毛	药片	白	每天 2 次， 每次 2 片	饭后 吃
		黄	每天 3 次， 每次 1 片	饭后 吃
		红	每次 1 片	
	药水		每天 3 次	饭前 吃

三、听两遍短文，听后复述

过了几天，黄佳佳又去医院看病了。大夫问她怎么了。她说："吃了您开的药，我的肚子不疼了。可因为前几天晚上衣服穿少了。这两天我头疼，咳嗽，可能感冒了。"大夫给她开了瓶咳嗽药水儿。可第二天，黄佳佳又去医院了。她说："您给的咳嗽药水儿不错，喝完以后咳嗽好多了。可是肚子又不舒服了。"大夫说："你怎么一天就喝完一瓶？肚子当然会不舒服。"

第二十三课　这菜做得真好吃

句子练习

二、听句子，辨别对错

1. "男：你的字写得真漂亮。女：哪里哪里。"这里"哪里"的意思是"不知道在什么地方。" （错）
2. "我们一起去吃吧，我请客。"意思是"今天吃饭我付钱。" （对）
3. "我的汉语说得马马虎虎。"意思是"我的汉语说得不好也不坏。" （对）
4. "您每天一定要多喝水。"意思是"您每天只要喝水就可以了。" （错）
5. "爸爸带我去过北京。"意思是"我和爸爸现在在北京。" （错）
6. "这个地方不错，就是菜做得有点辣。"意思是"说话人不太喜欢这儿做的菜。" （对）
7. "我很会做中国菜。"意思是"我的中国菜做得很好。" （对）
8. "糖醋鱼，红烧肉，我们就先点这些菜吧。"意思是"我们只吃这些菜。" （错）

课文一

▶▶ （星期日，哈利去李阳家做客）

李阳：哈利，请进。来，我介绍一下，这是我的爸爸妈妈。

哈利：叔叔，阿姨，你们好。

爸爸：你好，你好。你的汉语说得真好。

哈利：哪里哪里，我还差得远呢。对了，这些水果送给你们，我的一点儿心意。

妈妈：谢谢，你太客气了。哈利、李阳，你们聊一会儿，我去做饭。

李阳：妈，我帮你。哈利，你和我爸爸说一会儿话。我爸爸最喜欢聊天了。

哈利：好，你们忙吧。叔叔，我听李阳说，前几天您身体不太好，现在怎么样？

爸爸：现在身体好多了，不过冬天天气冷，我容易感冒。

哈利：那您一定要多穿衣服，还要多喝水。

爸爸：一定一定。谢谢你。

（过了一会儿）

李阳：可以吃饭了。哈利，今天我妈妈做的是四川菜。

哈利：太好了。我喜欢吃中国菜，特别是川菜。

二、练习

（一）听两遍课文，选择正确答案

1. 哈利的汉语说得怎么样？
   A. 很好   B. 不怎么样   答案：A

2. 哈利送给李阳爸爸妈妈什么？
   A. 苹果   B. 水果   答案：B

3. 谁做饭，谁帮忙？
   A. 妈妈做饭，李阳帮忙   B. 爸爸做饭，李阳帮忙   答案：A

4. 谁最喜欢聊天？
   A. 李阳爸爸   B. 李阳妈妈   答案：A

5. 李阳爸爸怎么了？
   A. 感冒了   B. 前几天身体不太好   答案：B

6. 哈利最喜欢吃什么地方的菜？
   A. 广东菜   B. 四川菜   答案：B

（二）再听一遍，根据课文内容填空

1. 哈利自己觉得他的汉语 还差得远呢 。

2. 前几天，李阳爸爸 身体不太好 。

3. 李阳爸爸现在身体 好多了 。

第二十三课　这菜做得真好吃

课文二

▶▶（在饭桌上）

爸爸：哈利，你怎么不吃了？

哈利：叔叔，阿姨，我吃饱了。

妈妈：今天的菜怎么样？你喜欢吗？

哈利：阿姨，这菜做得真好吃。我非常喜欢。

妈妈：那就好。来，吃水果。

爸爸：哈利，你会做菜吗？

哈利：我不会做中国菜，但是我会做面条。

爸爸：面条？不错呀！

哈利：是呀。对了，叔叔，李阳吃过。

李阳：对，我吃过他做的面条。

哈利：李阳，你告诉叔叔、阿姨，我做得怎么样？

李阳：嗯，还不错，就是太甜了。

妈妈：太甜？

哈利：我弄错了，面条里没放盐，放的是糖。

爸、妈：哈哈。

二、练习

（一）听两遍课文辨别对错

1. 哈利喜欢李阳妈妈做的菜。　　　　　（对）
2. 吃完饭，他们吃水果了。　　　　　　（对）
3. 哈利会做中国菜。　　　　　　　　　（错）
4. 哈利吃过李阳做的面条。　　　　　　（错）
5. 李阳很喜欢吃哈利做的面条。　　　　（错）
6. 哈利做的面条里没放盐，放了糖。　　（对）

（二）听短文，说出与刚才听到的课文不一样的地方

哈利很喜欢吃李阳爸爸做的中国菜。因为吃了很多，他不想吃水果了，所以他们就在一起喝茶。哈利告诉李阳的爸爸妈妈，他会做中国菜，做得非常好，尤其是饺子做得特别好吃。李阳吃过他做的饺子，不过那次他没做好，把糖当做盐，放在饺子里了。

泛听练习

二、听两遍短文，听后填表

周末，金大永和黄佳佳一起去中国朋友家做客。他们先去了李阳家。李阳家就在学校旁边。他家有三个卧室、一个客厅、两个卫生间和一个厨房。房间很大，就是厨房有点儿小。从李阳家出来，他们又去了王芳家。王芳家前面有一个很大的公园。她家有两个卧室、一个客厅、一个卫生间和一个厨房。房间不错，就是不太亮。在王芳家里吃完午饭，他们又去唐老师家。唐老师家比较远，在东方明珠塔附近。他家有两层楼，楼上楼下，六个卧室、两个客厅、两个卫生间和一个厨房。不过唐老师说，打扫房子的时候很累。

1. 下面有三幅图，每一幅是谁家的图？

(1) 王芳家　　　(2) 李阳家　　　(3) 唐老师家

第二十三课 这菜做得真好吃

2. 根据短文填表

	房间数量	不好的地方
李阳家	有 三 个卧室、一 个客厅，两 个卫生间和 一 个厨房	厨房有点儿小
王芳家	有 两 个卧室、一 个客厅、一 个卫生间和 一 个厨房	房间不太亮
唐老师家	有 六 个卧室、两 个客厅，两 个卫生间和 一 个厨房	打扫很累

三、听两遍对话，听后表演

（下课铃声响了）

老师：同学们，今天的课就到这里。作业是写作文，告诉大家下午你都做什么。

迈克：老师，就写下午做什么吗？

老师：对呀，明天把作业交给我，可以吗？迈克。

迈克：没问题，我现在就可以交给您。

老师：哦？

迈克：很容易，就十一个字："每天下午，我都在宿舍睡觉。"

第二十四课　你看得懂吗

句子练习

二、听句子，辨别对错

1. "他没有我这么高。"意思是"他比我高。" （错）
2. "小姐，对不起，我们这里只有大衣。你去那边看看，那边卖鞋子。"意思是"那位小姐想买鞋子。" （对）
3. "我会做好几个中国菜呢！"意思是"我会做的中国菜很多。" （对）
4. "你的话，我们大部分都听得懂。"意思是"你的话我们全都听懂了。" （错）
5. "杭州不如上海热闹。"意思是"上海不热闹。" （错）

课文一

(在街上)

黄佳佳：嗨，哈利，你也来逛商店？

哈　利：是呀。你要买什么？

黄佳佳：我的一个中国朋友要结婚了。我想买礼物给她。你呢？

哈　利：哦，现在是冬天了，我想买一件大衣。

黄佳佳：那我们一起逛吧。先帮我买礼物，怎么样？

哈　利：好的。对了，黄佳佳，你的朋友喜欢什么？

黄佳佳：嗯，她喜欢画画儿。书法也不错。

哈　利：那你就送她中国画儿吧。你看，那张画儿怎么样？

黄佳佳：很漂亮。哈利，你看，画儿上还写着字呢。你看得懂吗？

哈　利：我看不懂。请问，小姐，这是什么字？

售货员：哦，写的是"福"字。

哈　利：哦，佳佳，这个字我看不懂，不过我听得懂。就是"幸福"的"福"。

黄佳佳：这画儿送给我朋友，还真不错。小姐，我买了。哈利，你拿得动这张画儿吗？

二、练习

（一）听两遍课文辨别对错

1. 哈利的朋友要结婚了。　　　　　　（错）

2. 哈利要买一件大衣。　　　　　　　（错）

3. 黄佳佳不知道买什么礼物。　　　　（错）

4. 哈利的朋友喜欢画画儿和书法。　　（错）

5. 黄佳佳买了一张画儿。　　　　　　（错）

6. 黄佳佳看得懂画儿上的字。　　　　（错）

7. 他们先买大衣，再买礼物。　　　　（错）

（二）再听一遍，根据课文内容填空

现在是 冬天 了，哈利去商店 买大衣 。在商店里，他遇到了黄佳佳。黄佳佳要买 礼物 。因为她的 中国 朋友要结婚了。黄佳佳的朋友喜欢 画画 儿。哈利告诉她送 画儿 。那张画儿 很漂亮 。画儿上还 写着 字。他们 看不懂 这个字。商店里的售货员告诉他们，这个字是"幸福"的 福 字。黄佳佳高兴地 买了 这张画儿。

▶（在商店）

黄佳佳：哈利，谢谢你陪我买礼物。

哈　利：没什么。现在该你陪我买大衣了。

黄佳佳：好的。男的衣服在四楼，我们上楼吧。

（他们到楼上）

黄佳佳：那边，你看，都是大衣。

哈　利：这件黑的我穿怎么样？
黄佳佳：我觉得这件没有那件蓝的好。那件颜色好，样子也比这件好看。你穿一定很帅。
哈　利：可我觉得那件蓝的大衣没有这件黑的暖和。天气冷了，我要穿得暖和一些。
黄佳佳：哈利，上海的冬天没有你的家乡那么冷。穿那件大衣，你肯定不会觉得冷。
哈　利：也是。我们家乡的冬天比上海冷多了。那好吧。我试试那件蓝的。小姐，有特大号的吗？
售货员：我看一下。那件蓝的只有中号了，你穿不合适。那件棕色的，有特大号的。
哈　利：好吧，给我拿那件棕色的。

二、练习

（一）听两遍课文，选择正确答案

1. 买男的衣服应该去几楼？
   A. 四楼　　　　　　　　B. 十楼　　　　　　　答案：A

2. 黄佳佳觉得那件蓝的大衣怎么样？
   A. 颜色好，就是样子不好
   B. 颜色、样子都很好，就是有点儿小　　　　　答案：B

3. 哈利为什么不喜欢那件蓝的大衣？
   A. 因为他觉得那件蓝的大衣样子不好
   B. 因为他觉得那件蓝的大衣不暖和　　　　　　答案：B

4. 哈利家乡的冬天怎么样？
   A. 哈利家乡的冬天比上海冷
   B. 哈利家乡的冬天没有上海冷　　　　　　　　答案：A

5. 为什么哈利最后要拿那件棕色的大衣？
   A. 因为棕色的大衣有特大号的
   B. 因为棕色的大衣只有中号　　　　　　　　　答案：A

单元练习（八）

一、听一遍句子，回答问题

（一）你别喝了，要是喝完这一瓶，你就喝了十瓶啦。太多了，对身体不好。
问：他已经喝了几瓶了？　答：他已经喝了 <u>九瓶了</u>。

（二）哈利：芳子，这是我写的字，你觉得怎么样？
　　　芳子：哦，哈利，我想如果写得再大一点儿，我一定看得清楚。
　　　问：芳子觉得哈利写的字怎么样？
　　　答：芳子觉得哈利写的字 <u>有点儿小（太小了）</u>。

（三）小姐，请把您要寄的东西递给我。就这些吗？要寄快件吗？
　　　问：说话人可能在哪儿？　　答：说话人可能在 <u>邮局</u>。

（四）今天白天晴，风向偏北，风力二到三级。最高温度38摄氏度。夜里有阵雨。
　　　问：你听到的可能是哪个季节的天气情况？　答：可能是 <u>夏天</u>。

二、听两遍对话，听后口头回答问题

哈　利：黄佳佳，你有空吗？陪我去邮局好吗？

黄佳佳：哈利，你去邮局干什么呀？

哈　利：哦，上个月我去西安玩儿了，拍了很多照片。寄些照片给我女朋友看看。

黄佳佳：寄到美国吗？

哈　利：不是，寄到北京。我女朋友在北京工作。

黄佳佳：那她的汉语应该比你好吧？

哈　利：不，她的汉语没有我好，因为她在公司只说英语。你说，我寄挂号还是快件？

黄佳佳：快件比挂号快几天。我看还是快件吧，三天就能到。

哈　利：好的。（过了一会儿）好了，佳佳，你看我的地址写得清楚不清楚？

黄佳佳：嗯，挺清楚的。你的汉字写得真不错。

哈　利：哪里哪里，我还差得远呢。

问题：

1. 他们可能在哪儿说话？
2. 哈利上个月去哪儿了？
3. 哈利要把照片寄给谁？
4. 哈利的女朋友在哪儿？做什么的？
5. 哈利的女朋友的汉语怎么样？为什么？
6. 黄佳佳觉得应该寄挂号还是快件？
7. 往北京寄快件几天能到？
8. 黄佳佳觉得哈利写的汉字怎么样？

三、听短文，写出主要内容

从商店出来后，哈利和黄佳佳一起去了邮局。因为上个星期，他们刚去西安玩儿，黄佳佳想寄些照片给她的爸爸妈妈，黄佳佳要的照片要寄到广州，因为她的爸爸妈妈在广州工作。她打算寄挂号，一个星期以后到广州。佳佳在信封上写完地址后，把信封交给哈利，请哈利看看她写对了没有。哈利告诉她地址写得不清楚，因为她没写她爸爸的中文名字。

第二十五课　她把书都放在书架上

句子练习

二、听句子，从 A、B 两句中选出恰当的回答

1. 小王刚走。
　　A. 小王现在不在这儿。　　B. 小王刚来一会儿。　　答案：A

2. 秋天是上海最好的季节。
　　A. 上海的天气最好。　　B. 上海秋天的天气很好。　　答案：B

3. 我来了三个多星期了。
　　A. 我来了一个月了。　　B. 我来了快一个月了。　　答案：B

4. 这本书真没意思。
　　A. 这本书很好看。　　B. 这本书不好看。　　答案：B

5. 哈利不但去过北京，还去过杭州。
　　A. 哈利去过北京和杭州。　　B. 哈利没去过北京。　　答案：A

6. 黄佳佳病了，两天没来上课了。
　　A. 黄佳佳不来上课了。　　B. 黄佳佳昨天和今天没来上课。答案：B

课文一

▶▶（下课后）

哈利：下午我要去银行取钱，丽莎，你去吗？

丽莎：我也要换钱，一起去吧。

哈利：现在人民币和美元的比价怎么样？

丽莎：7.93∶1。

哈利：哦，比上个月高一点儿。

丽莎：上个月好像是 7.91∶1。

哈利：是的。

丽莎：哈利，你打算几点去？

哈利：1点可以吗？

丽莎：1点半吧，我在校门口等你。

哈利：行。

二、练习

（一）听两遍课文，选择正确答案

1. 谁下午要去银行换钱？

A. 丽莎　　　　　　　　B. 哈利　　　　　　　　答案：A

2. 现在人民币和美元的比价是：

A. 7.91∶1　　　　　　　B. 7.93∶1　　　　　　　答案：B

3. 现在人民币和美元的比价怎么样？

A. 比上个月高一点　　　B. 比上个月低一点　　　答案：A

4. 他们打算下午几点去银行？

A. 1点　　　　　　　　B. 1点半　　　　　　　答案：B

（二）再听一遍课文，口头回答问题

1. 哈利和丽莎下午要去哪儿？
2. 哈利下午要去做什么？丽莎呢？
3. 现在人民币和美元的比价是多少？上个月呢？
4. 他们打算下午几点去银行？

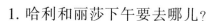
课文二

▶▶（在教室）

丽　莎：大永，你这次考试考得怎么样？

第二十五课 她把书都放在书架上

金大永：听力 96 分，但是写作不太好，才 84 分。

丽　莎：你的听力考得真好，比我多 10 分呢。我写作的成绩和你一样。

金大永：你读写课考得好吗？

丽　莎：还可以，92 分。

金大永：很不错啊，比我多 5 分呢。我还要努力学习。

丽　莎：是啊，我的听力也要努力啊。

金大永：对，多听录音，多和中国朋友聊天。

二、练习

（一）听课文填表

	听　力	读　写	写　作
金大永	96 分	87 分	84 分
丽　莎	86 分	92 分	84 分

（二）再听一遍，边听边填空

金大永这次考试 听力 96 分，但是写作 不太好 ，才 84 分。丽莎的写作成绩和金大永 一样 。丽莎读写课考得 还可以 ，比金大永 多 5 分。他们都要 努力 学习。金大永告诉丽莎要多 听录音 ，多和中国朋友 聊天 。

泛听练习

二、听短文，辨别对错

黄佳佳在整理她的房间，因为明天她的妈妈要来。她把书都放在书架上，但是词典放不进去，她就把词典摆在书桌上。她还把地图挂在墙上，把衣服挂进衣柜里，把不要的东西都扔进垃圾桶里去了。

问题：

1. 她把书放在书架上。　　　　　　　　（对）
2. 她把词典摆在书桌上。　　　　　　　（对）
3. 她把照片挂在墙上。　　　　　　　　（错）
4. 她把不要的东西都扔进衣柜里去。　　（错）

三、再听一遍，选择正确答案

1. 黄佳佳在做什么？
   A. 打扫房间　　　　B. 整理房间　　　　答案：B
2. 她为什么要整理房间？
   A. 她朋友要来　　　B. 她母亲要来　　　答案：B
3. 她把书放在哪里了？
   A. 书架上　　　　　B. 书桌上　　　　　答案：A
4. 她把词典摆在哪里？
   A. 书架上　　　　　B. 书桌上　　　　　答案：B
5. 她把地图挂在哪里？
   A. 墙上　　　　　　B. 衣柜里　　　　　答案：A
6. 她把衣服挂进哪儿了？
   A. 衣柜里　　　　　B. 垃圾桶里　　　　答案：A
7. 她把不要的东西都扔进哪儿了？
   A. 衣柜里　　　　　B. 垃圾桶里　　　　答案：B

第二十六课　我把照片带来了

句子练习

二、听句子，从 A、B 两句中选出恰当的回答

1. 丽莎还不习惯这儿的天气。
   A. 丽莎对这儿的天气不习惯。　　B. 丽莎不喜欢这儿的天气。　答案：A

2. 邮局下午 4:30 下班。
   A. 下午 4:45 去邮局太晚了。　　B. 邮局下午 3:30 关门。　　答案：A

3. 要是明天天气好,我就去爬山。
   A. 明天天气很好。
   B. 要是明天下雨,我就不去爬山。　答案：B

4. 哈利说他最爱看足球比赛。
   A. 哈利爱踢足球。　　　　　　　B. 哈利喜欢看足球比赛。　答案：B

5. 丽莎今天穿了一件黄色的毛衣。
   A. 丽莎今天穿的衣服是黄色的。
   B. 丽莎今天穿的衣服是红色的。　答案：A

6. 金大永是前天晚上到上海来的。
   A. 金大永现在在上海。　　　　　B. 金大永现在不在上海。　答案：A

课文一

▶▶ (在校园里)

李阳：芳子,听说你刚从西安回来?

芳子：对啊,李阳,我刚才给你打电话,你不在。

李阳：我去邮局了。西安怎么样?

芳子：非常好，名胜古迹特别多。

李阳：这次旅游安排得好不好？

芳子：很不错，我对导游很满意。

李阳：那你对西安很了解了吧？

芳子：是的，以前只在电视里看过。

李阳：你最喜欢西安哪个地方？

芳子：都挺喜欢的，最喜欢的是兵马俑。

二、练习

(一) 听两遍课文辨别对错

    1. 芳子要去西安。　　　　　　　　（错）

    2. 李阳刚才给芳子打电话了。　　　（错）

    3. 李阳刚才去邮局了。　　　　　　（对）

    4. 西安的名胜古迹很多。　　　　　（对）

    5. 这次旅游安排得不好。　　　　　（错）

    6. 芳子以前没去过西安。　　　　　（对）

    7. 芳子最喜欢的地方是兵马俑。　　（对）

(二) 再听一遍课文，口头回答问题

    1. 芳子刚从哪儿回来？

    2. 李阳刚才去哪儿了？

    3. 西安的什么特别多？

    4. 这次旅游安排得好不好？

    5. 芳子对什么很满意？

    6. 现在芳子对西安很了解了，对吗？

    7. 芳子最喜欢西安哪个地方？

第二十六课　我把照片带来了

课文二

▶▶（在哈利的宿舍）

黄佳佳：哈利，我把家人的照片带来了。

哈　利：太好了，让我看看。

黄佳佳：这是一张我全家人的照片。

哈　利：一、二、三、四……哦，你家一共有六口人啊。

黄佳佳：是的，父亲、母亲和四个孩子。

哈　利：黄佳佳，你在家是老大吗？

黄佳佳：不是，我是老二。我哥哥是老大。

哈　利：哥哥比你大几岁？

黄佳佳：比我大两岁。

哈　利：那这两个就是你弟弟和妹妹吧？

黄佳佳：是的，我弟弟也在上海留学，妹妹是中学生。

二、练习

（一）听课文，选择正确答案

　　1. 黄佳佳把谁的照片带来了？

　　　　A. 朋友　　　　B. 家人　　　　C. 爱人　　　　答案：B

　　2. 黄佳佳家一共有几口人？

　　　　A. 四口人　　　B. 五口人　　　C. 六口人　　　答案：C

　　3. 黄佳佳家里有几个孩子？

　　　　A. 两个　　　　B. 三个　　　　C. 四个　　　　答案：C

4. 黄佳佳在家是老几？

　　A. 老大　　　　B. 老二　　　　C. 老三　　　　答案：B

（二）再听一遍课文，口头回答问题

　　1. 谁把家人的照片带来了？
　　2. 黄佳佳的哥哥比她大几岁？
　　3. 黄佳佳有姐姐吗？有弟弟吗？
　　4. 黄佳佳的弟弟在上海做什么？
　　5. 黄佳佳的妹妹是大学生吗？

泛听练习

二、听两遍短文，边听边填空

　　芳子来中国已经快 半年 了。上星期 她和几个朋友去西安旅游了。今天她把旅游的 照片 带来了，大家对照片都很有 兴趣 。因为同学们都没去过西安，他们很想 了解 西安。芳子把照片拿 出来 ，放在 桌子 上。哈利问 哪张 是兵马俑，芳子把兵马俑的照片拿给哈利，哈利说他也想去 参观 兵马俑。

第二十七课 《旅游手册》被哈利借去了

句子练习

二、听句子,从A、B两句中选出恰当的回答

1. 我刚来中国的时候,一句汉语也不会说。
   A. 我以前没学过汉语。　　B. 我以前会说一句汉语。　　答案:A
2. 这张画儿真美。
   A. 这张画儿是真的。　　　B. 这张画很漂亮。　　　　　答案:B
3. 飞机大概五点三刻能到。
   A. 飞机5点三刻左右到。　B. 飞机5点三刻一定到。　　答案:A
4. 谁说我想去啊?
   A. 我不想去。　　　　　　B. 我想去。　　　　　　　　答案:A
5. 我和李阳明晚八点在校门口见。
   A. 我们在宿舍门口见。　　B. 我们在学校门口见。　　　答案:B

课文一

▶▶(在校园里)

金大永:丽莎,我想借你的《旅游手册》看看。

丽　莎:哎呀,被哈利借去了,还没还我呢。

金大永:没关系,我去图书馆借吧,你的自行车借我用用。

丽　莎:好的,自行车钥匙被我放在宿舍了,我上去拿。

金大永:谢谢啊。我下午就还给你。

丽　莎:没关系,我现在不用。对了,金大永,你借《旅游手册》干什么?

金大永:我可能要去桂林旅游,想看看旅游介绍。

丽　莎:哦,"桂林山水甲天下"啊,应该去看看。

二、练习

（一）听课文，选择正确答案

1.《旅游手册》是什么？
  A. 书　　　　　　B. 电影　　　　　　C. 电视节目　　答案：A

2.《旅游手册》是谁的？
  A. 哈利的　　　　B. 丽莎的　　　　　C. 金大永的　　答案：B

3. 自行车钥匙在哪里？
  A. 宿舍　　　　　B. 图书馆　　　　　C. 教室　　　　答案：A

4. 金大永借《旅游手册》干什么？
  A. 学习汉语　　　B. 借给哈利　　　　C. 看桂林的介绍　答案：C

5. "桂林山水甲天下"是什么意思？
  A. 桂林的山水最多　B. 桂林的山水最美　C. 桂林的山最高　答案：B

（二）再听一遍课文，边听边填空

  金大永想借丽莎的 <u>《旅游手册》</u> 看看，可是 <u>被</u> 哈利借去了。金大永打算去 <u>图书馆</u> 借，他想 <u>骑自行车</u> 去图书馆，他借 <u>丽莎</u> 的自行车，自行车钥匙被丽莎放在 <u>宿舍</u> 了，丽莎上去拿。丽莎问金大永借《旅游手册》干什么。金大永说他可能要去 <u>桂林</u> 旅游，想看看旅游 <u>介绍</u> 。丽莎说"桂林 <u>山水</u> 甲天下"， <u>应该</u> 去看看。

课文二

▶▶（在桂林）

金大永： 桂林的山水真的很美啊！佳佳，我们得多拍点儿照片。

黄佳佳： 可是我的相机好像被我弄坏了。

金大永： 怎么回事？让我看看。

黄佳佳： 快门按不下去了。

第二十七课 《旅游手册》被哈利借去了

金大永：好像是不行了。

黄佳佳：刚才下飞机的时候被我摔了一下，真糟糕，3000多块钱买的呢。

金大永：别着急，回去再修修，也许能修好。先用我的拍吧。

黄佳佳：大永，你站那儿，我来帮你拍一张。……"茄——子！"

金大永：谢谢，现在你站那儿，我来拍。

黄佳佳：我觉得桂林的每座山都不一样，很美。

金大永：是啊，所以说"桂林山水甲天下"啊。

二、练习

（一）听两遍课文辨别对错

1. 金大永很喜欢桂林。　　　　　　　　　　　　　　（对）

2. 金大永的相机被他弄坏了。　　　　　　　　　　　（错）

3. 黄佳佳的相机被金大永摔坏了。　　　　　　　　　（错）

4. 黄佳佳的照相机3000多块钱。　　　　　　　　　　（对）

5. 黄佳佳给金大永拍照的时候说："鞋——子。"　　　（错）

6. 黄佳佳和金大永相互拍照。　　　　　　　　　　　（对）

7. 黄佳佳觉得桂林的每座山都一样，很美。　　　　　（错）

8. "桂林山水甲天下"的意思是"桂林的山水最美"　　（对）

单元练习（九）

一、听句子，从 A、B 两句中选出恰当的回答

1. 金大永，你怎么老迟到？
   A. 金大永常迟到。　　　　B. 金大永今天没迟到。　　　答案：A
2. 丽莎是想去苏州看看，但总是没时间。
   A. 丽莎想以后去苏州看看。　B. 丽莎没空去苏州。　　　　答案：B
3. 昨天我买了一本新小说。
   A. 昨天他买了一本新书。　　B. 昨天他买了一本词典。　　答案：A
4. 周末我想去动物园玩儿。
   A. 周末我想去运动。　　　　B. 周末我想去看动物。　　　答案：B
5. 我说汉语，马克一点儿也听不懂。
   A. 马克不会汉语。　　　　　B. 马克会一点汉语。　　　　答案：A
6. 手机被我弄丢了。
   A. 我的手机坏了。　　　　　B. 我把手机弄丢了。　　　　答案：B

二、听短文，听后选择正确答案

　　我来中国已经四个月了。我从首尔来，住在首都北京，在北京大学学习汉语。我开始慢慢地习惯这里的生活了。我喜欢这里的天气，秋天很美，冬天虽然很冷，但是房间里很暖和。我最喜欢的是北京的名胜古迹，周末的时候常常和我的同学一起去游览。我觉得中国的菜挺好吃的。现在我汉语说得还不太好，还想在这里再呆半年。我想那时候我就会说汉语了，就可以自己去别的地方旅游了。

问题：
1. "我"从哪儿来？
   A. 首尔　　B. 北京　　C. 首都　　D. 上海　　　答案：A

2. "我"最喜欢这里的什么?

　　A. 中国菜　　　　　　　　B. 天气　　　　　答案：C

　　C. 名胜古迹　　　　　　　D. 学习汉语

3. "我"是来北京干什么的?

　　A. 工作　　　B. 旅游　　　C. 学习　　D. 天气　　答案：C

4. "我"现在汉语说得怎么样?

　　A. 说得很好　　　B. 会说一些　　C. 不会说　　D. 不知道　　答案：B

5. "我"打算什么时候回国?

　　A. 四个月以后　　　　　　B. 半年以后　　　答案：B

　　C. 一年以后　　　　　　　D. 一年半以后

第二十八课　除了丝绸以外，还有什么有名的

句子练习

二、听句子，辨别对错

1. "桌子上怎么放着这么多书？不是有书架吗？"意思是"桌子上不应该放很多书。" （对）

2. "这个星期的苏州旅游我去不了。"意思是"我不想去苏州。" （错）

3. "这次考试，我除了听力以外，会话也考得不太好。"意思是"听力和会话我都考得不好。" （对）

4. "这里这么多人，哪儿有座位呀？"意思是"说话人不知道他的座位在哪儿。" （错）

5. "我正在考虑这个问题呢。"意思是"这个问题，说话人还没有想好。" （对）

6. "这儿的苹果三块钱一斤，比我们学校商店贵五毛钱。"意思是"学校商店的苹果一斤两块五毛钱。" （对）

7. "他喜欢吃苹果、香蕉什么的。"意思是"除了苹果、香蕉，别的他都不喜欢。" （错）

8. "我们说好了，我和李芳在学校门口见面。"意思是"我在学校门口遇到了李芳。" （错）

9. "这些菜好像不够。"意思是"菜不多，有点儿少。" （对）

10. "电影六点半开始，已经开始一刻钟了。"意思是"现在七点了。" （错）

第二十八课　除了丝绸以外，还有什么有名的

课文一

▶▶ （在火车站，丽莎遇到了唐老师）

丽莎：唐老师，您好，您去哪儿呀？

唐华：你好，丽莎。我要回苏州看我的妈妈。你呢？

丽莎：哦，太巧了，我也要去苏州。我一直想去苏州玩儿。

唐华：是吗？那我带你在苏州好好儿玩儿玩儿。

丽莎：老师，您是苏州人吗？您不是会说上海话吗？

唐华：哦，我大学毕业后就在上海工作，在上海二十多年了，当然会说上海话。

丽莎：噢，那您一定知道苏州什么地方好玩儿了？

唐华：当然，苏州有很多园林。那些园林都很特别，很漂亮。

丽莎：对了，唐老师，我想在苏州买点儿礼物带回去。听说苏州的丝绸很有名。除了丝绸以外，还有什么有名的？

唐华：苏州有名的东西多着呢。比如扇子、茶叶什么的。

丽莎：伞子？是下雨时候用的雨伞吗？

唐华：不对，你说的是"s-an"伞，我说的是"sh-an"扇。两个字发音不一样。

丽莎：汉语发音真难。除了发音，还有声调什么的，太难了。

唐华：别急。学习汉语，你要多听、多说，会越来越好的。

二、练习

（一）听两遍课文，选择正确答案

1. 唐老师的妈妈在哪儿？
   A. 上海　　　　　　　B. 苏州　　　　　　　答案：B

2. 丽莎去苏州做什么？
   A. 旅游　　　　　　　B. 看妈妈　　　　　　答案：A

3. 唐老师在上海多长时间了？

  A. 二十多年　　　　　　B. 二十多天　　　　答案：A

4. 苏州的园林怎么样？

  A. 不多，但很漂亮　　　B. 多，都很特别　　　答案：B

5. 丽莎有没有听说过苏州的丝绸？

  A. 听说过　　　　　　　B. 没听说过　　　　答案：A

6. 唐老师说，苏州有名的东西，除了丝绸以外，还有什么？

  A. 伞　　　　　　　　　B. 扇子　　　　　　答案：B

（二）再听一遍，根据课文内容填空

1. 唐老师大学毕业以后在 <u>上海</u> 工作。

2. 丽莎觉得汉语的 <u>发音</u>、<u>声调</u> 很难学。

3. 唐老师告诉丽莎学习汉语要 <u>多听、多说</u> 。

课文二

▶▶（在芳子宿舍）

芳子：我的钱包呢？怎么不见了？李阳，你见过没有？

李阳：不是在桌子上放着吗？

芳子：桌子上放着这么多书。哪里有我的钱包呀？

李阳：桌子上是放着书。可你再看看，书上放着什么呀？

芳子：哦。对，是钱包。我太着急了。

李阳：别急。电影六点半才开始，还有一个半小时呢。

芳子：可看电影前，我有好多事。先去取钱，再把词典还给黄佳佳。最后呢，我要请你喝咖啡。谢谢你请我看电影。

李阳：我想，最后一件事就算了吧。不用客气了。词典可以看完电影再还吗？

芳子：恐怕不行。我和黄佳佳说好的，在学校门口见面。

第二十八课 除了丝绸以外，还有什么有名的

李阳：那我们快走吧。除了你的钱包，还有什么要拿的？大衣吗？

芳子：不，我觉得很热，不用穿大衣。

李阳：还是穿着吧。房间里开着空调，所以你觉得热。

芳子：好，走吧？要叫哈利一起走吗？

李阳：他房间的灯关着，可能已经走了。

二、练习

　（一）听两遍课文辨别对错

　　1. 芳子的钱包被偷了。　　　　（错）

　　2. 桌子上放着很多书。　　　　（对）

　　3. 现在五点了。　　　　　　　（对）

　　4. 芳子看完电影去取钱。　　　（错）

　　5. 房间里的空调没开着。　　　（错）

　　6. 哈利可能不在房间里。　　　（对）

　（二）再听一遍课文，口头回答问题

　　1. 芳子的钱包在哪儿？

　　2. 芳子为什么要请李阳喝咖啡？

　　3. 芳子和黄佳佳在哪儿见面？

　　4. 芳子为什么觉得热？

　　5. 他们为什么觉得哈利已经走了？

泛听练习

一、听两遍短文，听后选图

　　下面三张图分别是芳子、李阳和金大永的房间。

　　芳子的房间很干净。窗边放着一张桌子，桌子旁边放着一个小书架，书架上摆着书和词典。墙上挂着一张全家的照片。

金大永的房间比较乱，到处放着书和衣服。床上摆着他上课用的课本，椅子上放着他的一只鞋，还有一只鞋在哪儿呢？哦，放在桌子上呢。

李阳和他的爸爸妈妈一起住。他的房间里放着一个小沙发，小沙发前边放着一张小桌子。桌子上放着几个杯子。沙发旁边是李阳的床。床边有一个柜子，柜子上放着一个台灯。

答案：图1是 金大永 的房间

答案：图2是 李阳 的房间

答案：图3是 芳子 的房间

二、听两遍短文，听后复述

从前有一个叫孔融（róng）的人。他有五个哥哥和一个弟弟。有一天，家里吃梨。一盘梨放在大家面前，哥哥让孔融先拿，他只拿了一个最小的。爸爸看见了，就问孔融："这么多的梨，又让你先拿，你为什么不拿大的，只拿一个最小的？"孔融说："我年纪小，应该拿最小的；大的留给哥哥吃。"父亲又问他："你还有个弟弟呢，弟弟不是比你还要小吗？"孔融回答："我比弟弟大，我是哥哥，我应该把大的留给弟弟吃。"他父亲听了，哈哈大笑："好孩子，真是一个好孩子。"

第二十九课　菜都让他吃光了

句子练习

二、听句子，辨别对错

1. "你想吃什么就点吧。"意思是说话人就要"什么"这个菜。　　　　（错）
2. "他不是不喜欢吃中国菜吗？"意思是她喜欢吃中国菜。　　　　（错）
3. "小姐，来一个土豆丝。"意思是说话人可能在饭馆儿。　　　　（对）
4. "那些东西让我们吃光了。"意思是"那些东西被我们吃光了"。　　（对）
5. "我想出去转转"。意思是"我要出去走走"。　　　　　　　　　（对）
6. "我们班的同学大多是韩国人。"意思是"我们班只有韩国同学。"（错）
7. "他来的时候，我正好要找他。"意思是他来得不早也不晚，刚好。（对）
8. "我们班汉语说得好的同学，除了金大永，还有黄佳佳"意思是"我们班同学除了金大永和黄佳佳，别的同学汉语都很好。"　　　　（错）
9. "除了甜的，别的菜我都喜欢。"意思是说话人不喜欢吃甜的。　（对）
10. "你怎么才吃饭？都一点了。"意思是"你"吃得太少了。　　　（错）

课文一

▶▶ (黄佳佳、金大永和李阳在饭馆儿)

李　　阳：黄佳佳、金大永，你们想吃什么就点吧。今天我请客。

黄佳佳：这……不用了。你太客气了。

金大永：那真是太谢谢了。我饿了！小姐，点菜——

服务员：你们好。这是菜单。

金大永：你们这里有什么好吃的？

服务员：我们这里好吃的多着呢。宫保鸡丁、鱼香肉丝、糖醋鱼什么的。

黄佳佳：我喜欢宫保鸡丁。

金大永：好。就来一个宫保鸡丁，一个糖醋鱼。李阳，你想吃什么？

李　阳：都可以。金大永，今天的菜就让你点了。哦，我不喜欢吃甜的。

金大永：那再来一个土豆丝、番茄蛋汤吧。

黄佳佳：李阳，这个饭馆儿不大，不过很干净。

李　阳：是呀，这个饭馆儿不但很干净，而且做的菜也很好吃。

金大永：菜来了，我们一边吃一边聊天吧。

二、练习

（一）听两遍课文，选择正确答案

1. 今天谁请客？
　　A. 黄佳佳　　　B. 金大永　　　C. 李阳　　　答案：C

2. 谁饿了？
　　A. 黄佳佳　　　B. 金大永　　　C. 李阳　　　答案：B

3. 谁最喜欢宫保鸡丁？
　　A. 黄佳佳　　　B. 金大永　　　C. 李阳　　　答案：A

4. 今天谁点菜？
　　A. 黄佳佳　　　B. 金大永　　　C. 李阳　　　答案：B

5. 谁不喜欢吃甜的？
　　A. 黄佳佳　　　B. 金大永　　　C. 李阳　　　答案：C

6. 他们点了几个菜？
　　A. 他们点了三个菜，一个汤
　　B. 他们点了两个菜，一个汤　　　答案：A

（二）再听一遍，根据课文内容填空

1. 这个饭馆儿好吃的菜 很多 。

2. 这个饭馆儿不但 很干净 ，而且 菜好吃 。

3. 他们一边吃，一边 聊天 。

第二十九课　菜都让他吃光了

课文二

▶▶ (黄佳佳、金大永和李阳在饭馆儿)

黄佳佳：这样吃着饭聊着天，真好。

李　阳：是呀。这个饭馆儿的环境很好。

金大永：这个饭馆不但环境好，而且做的菜也很好吃。

李　阳：对，特别是这个宫保鸡丁，是这儿最好吃的菜。

黄佳佳：对了，李阳，为什么这个菜叫宫保鸡丁？我一直不明白，今天正好问你。

李　阳：这个我正好知道。

金大永：你们怎么不吃了？一边吃一边聊呀。李阳，那个"宫保"是不是一个人的名字？

李　阳：对，我听说以前有个叫宫保的，他做的鸡丁特别好吃。所以人们就把这个菜叫"宫保鸡丁"了。

黄佳佳：哦，我做的面条很好吃，就叫"黄佳佳面条"好了。

金大永：那我还"金大永泡菜"呢。呵呵呵。

黄佳佳：李阳，咱们得快点儿吃。你看金大永，菜都让他吃光了。

金大永：哪里呀，不是还有土豆和汤吗？

黄佳佳：呵呵，我开玩笑呢。别生气。

李　阳：是呀，说着话吃饭才有意思嘛。吃完饭，我们顺便去书店看看怎么样？

黄、金：好。听你的。

二、练习

(一) 听两遍课文辨别对错

1. 他们觉得这个饭馆儿的环境不错。　　　　(对)

2. 这个饭馆儿做的最好吃的菜是宫保鸡丁。　(对)

3. 李阳不知道为什么叫"宫保鸡丁"。　　　　　　（错）

4. 宫保是一个地方的名字。　　　　　　　　　　（错）

5. 金大永的面条做得很好。　　　　　　　　　　（错）

6. 菜都让金大永一个人吃光了。　　　　　　　　（错）

（二）再听一遍课文，口头回答问题

1. 黄佳佳觉得一边吃饭一边聊天怎么样？你觉得呢？
2. 金大永觉得什么菜他做得很好？
3. 黄佳佳叫谁快点吃？为什么？
4. 他们说话的时候，什么菜还没有吃完？
5. 吃完饭，他们要去哪儿？

泛听练习

一、听两遍短文，听后回答问题

　　学校旁边新开了一家饭店。昨天晚上，芳子和丽莎一起去那家饭店吃饭。那家饭店做的是川菜。她们俩点了两个冷菜、两个热菜，还要了个汤。不一会儿，菜上来了。他们吃着说着，觉得这儿的宫保鸡丁最好吃。饭店老板告诉他们川菜的特点是麻、辣。他说："我们中国菜不但要颜色好，味道好，而且要样子好。"丽莎说，今天她又学到了不少东西。

问题：

1. 芳子和丽莎什么时候去那家饭店吃饭？
2. 那家饭店做的是哪个地方的菜？
3. 她们要了几个菜？
4. 她们觉得这儿哪个菜最好吃？
5. 谁告诉丽莎她们中国菜的特点？

第二十九课　菜都让他吃光了

6. 川菜的特点是什么？

三、听两遍短文，听后填表

下个星期，金大永、哈利、黄佳佳和芳子都打算出去旅游。金大永计划去中国的东北走走看看。他准备坐飞机去，下个星期一出发，下个星期六才回上海。哈利不想去太远的地方。他就在上海附近玩，可能坐汽车去苏州看看，星期四当天去当天回来。黄佳佳和她的几个朋友说好了去西安。她们比金大永晚走一天，早一天回来，坐火车来回。芳子的姐姐这两天从日本来上海玩儿。她们下个星期三乘飞机去广州，下个星期日回上海。

用"→"标出他们出去旅游的时间，并填完表中空格。

	去的地方	星期一	星期二	星期三	星期四	星期五	星期六	星期日	工具
金大永	东北	→	→	→	→	→	→		飞机
哈　利	苏州				→				汽车
黄佳佳	西安		→	→	→				火车
芳　子	广州			→	→	→	→	→	飞机

第三十课　我家乡的天气和上海差不多

句子练习

二、听句子，辨别对错

1. "我家乡的天气和这里差不多。"意思是"我家乡的天气和这里一样。"　（错）
2. "我想去那里买书，不知道远不远？"意思是"我没去过那儿。"　（对）
3. "他一边爬山一边看红叶。"意思是"他有时候爬山，有时候看红叶。"　（错）
4. "你买书的时候还可以顺便去南京路逛逛。"意思是"你买书的时候可以去逛逛南京路。"　（对）
5. "走20分钟就到书店了。"意思是"书店不太远了。"　（对）
6. "南京路我去过了，还有外滩。"意思是"南京路和外滩我都去过了。"　（对）

课文一

▶▶（在校园里）

丽　莎：大永，你喜欢秋天吗？

金大永：喜欢，但是我最喜欢冬天。

丽　莎：为什么？

金大永：因为冬天可以滑雪。丽莎，你的家乡可以滑雪吗？

丽　莎：我家乡的天气和上海差不多，冬天很少下雪。

金大永：你的家乡夏天热吗？

丽　莎：夏天不热，但是常常下雨。

第三十课　我家乡的天气和上海差不多

金大永：上海秋天最好，不冷也不热。

丽　莎：和我的家乡一样，很舒服。

金大永：韩国有很多山。秋天时山上的红叶很美，我常常一边爬山一边看红叶。

丽　莎：看来你很喜欢运动啊。

金大永：是啊，我在首尔大学的时候常常打球，是学校有名的篮球运动员。

丽　莎：哦，所以你的个子这么高。

金大永：我弟弟和我差不多高，可是他不喜欢篮球，喜欢踢足球。

丽　莎：你们哥儿俩都很棒！

二、练习

（一）听两遍课文，选择正确答案

1. 金大永最喜欢什么季节？
   A. 春天　　　B. 夏天　　　C. 秋天　　D. 冬天　　答案：D

2. 金大永为什么喜欢冬天？
   A. 可以看雪　　　　B. 可以滑雪
   C. 可以爬山　　　　D. 可以踢球　　答案：B

3. 丽莎的家乡天气怎么样？
   A. 冬天不下雪　　　B. 冬天常常下雪
   C. 冬天很少下雪　　D. 冬天不冷　　答案：C

4. 丽莎的家乡夏天怎么样？
   A. 常下雨　　B. 很热　　C. 很舒服　　D. 不下雨　　答案：A

5. 上海什么季节最好？
   A. 春天　　　B. 夏天　　　C. 秋天　　D. 冬天　　答案：C

6. 金大永的弟弟喜欢什么运动？
   A. 爬山　　　B. 滑雪　　　C. 打篮球　　D. 踢足球　　答案：D

（二）再听一遍课文，口头回答问题

1. 金大永最喜欢什么季节？为什么？
2. 丽莎的家乡冬天可以滑雪吗？为什么？
3. 丽莎的家乡夏天热吗？
4. 上海的秋天怎么样？
5. 韩国有很多什么？
6. 金大永是哪个大学毕业的？他喜欢什么运动？
7. 金大永和他的弟弟谁高？

课文二

▶▶（在校园里）

哈利：芳子，你去过上海书城吗？

芳子：去过一次，怎么了？

哈利：我想去那里买书，不知道远不远？

芳子：有点儿远，不过交通比较方便。

哈利：是坐地铁吗？

芳子：是的，坐地铁到人民广场，再走20分钟左右就到了，在福州路。

哈利：那里汉语学习的书多吗？

芳子：比较多，在四楼。对面的外文书店里也有很多汉语学习的书。

哈利：哦，我听说福州路是有名的文化街，有很多书店。

芳子：对，你还可以顺便去南京路逛逛，离那儿很近。

哈利：南京路我去过了，还去过外滩。

二、练习

（一）听两遍课文辨别对错

1. 芳子去过上海书城。　　　　　　（对）

第三十课 我家乡的天气和上海差不多

2. 芳子想去上海书城买书。　　　　　　（错）

3. 哈利没去过上海书城。　　　　　　　（对）

4. 上海书城有点儿远,交通不方便。　　（错）

5. 上海书城在人民广场。　　　　　　　（错）

6. 上海书城在福州路。　　　　　　　　（对）

7. 上海书城汉语学习的书在四楼。　　　（对）

8. 福州路书店不太多。　　　　　　　　（错）

9. 南京路离福州路很近。　　　　　　　（对）

10. 哈利没去过南京路和外滩。　　　　（错）

单元练习（十）

一、听句子，选择正确答案

1. 大夫，我肚子疼。

   问：说话人可能在哪儿？

   A. 教室　　　　B. 医院　　　　C. 餐厅　　　　答案：B

2. 你们这儿有汉语词典吗？

   问：说话人可能在哪儿？

   A. 书店　　　　B. 餐厅　　　　C. 商店　　　　答案：A

3. 妈，爸爸和哥哥他们都好吗？

   问：他们家可能有几口人？

   A. 两口　　　　B. 三口　　　　C. 四口　　　　答案：C

4. 周末我们都不上课。

   问：他们哪天不上课？

   A. 周六　　　　B. 周日　　　　C. 周六和周日　　　　答案：C

5. 学校就在地铁站的旁边。

   问：学校离地铁站远吗？

   A. 很近　　　　B. 不太远　　　　C. 很远　　　　答案：A

6. 这药每天三次，每次两片。

   问：这药每天吃几片？

   A. 三片　　　　B. 两片　　　　C. 六片　　　　答案：C

7. 刚才还下雨呢，现在怎么就出太阳了？

   问：现在天气怎么样？

   A. 在下雨　　　　B. 不下雨了　　　　C. 阴天　　　　答案：B

8. 我什么都不想吃。

   问：说话人是什么意思？

   A. 不想吃东西　　B. 不喜欢吃东西　　C. 很饿　　　　答案：A

9. 上海秋天最好，不冷也不热。

　　问：为什么说上海的秋天最好？

　　A. 很漂亮　　　　B. 天气很好　　　C. 不下雨　　　　答案：B

10. 芳子感冒了，可能是衣服穿少了。

　　问：芳子为什么感冒了？

　　A. 太累了　　　　B. 吃得太少了　　C. 穿得太少了　　答案：C

二、听短文，听后选择正确答案

　　前天晚上，我和两个朋友去学校的桃李餐厅吃饭。我们点了四个菜、一个汤和三碗米饭，还要了两瓶啤酒。因为吃饭的人很多，所以上菜比较慢。我们等了快半个小时才上菜，我的朋友哈利有点儿不高兴了，对服务员说："你们能不能快点儿上菜？"服务员说："对不起，今天是周末，客人比较多，上菜有点儿慢了。"不过，这家餐厅菜的味道很好。

1. 他们什么时候去吃饭的？

　　A. 前天晚上　　　B. 昨天晚上　　　C. 今天晚上　　　答案：A

2. 餐厅的名字是什么？

　　A. 校里餐厅　　　B. 桃李餐厅　　　C. 吉利餐厅　　　答案：B

3. 他们点了几个菜？

　　A. 两个菜　　　　B. 三个菜　　　　C. 四个菜　　　　答案：C

4. 为什么上菜比较慢？

　　A. 做中国菜很慢　B. 客人比较多　　C. 菜的味道很好　答案：B

5. 他们大概等了多长时间才上菜？

　　A. 10分钟　　　　B. 20分钟　　　　C. 30分钟　　　　答案：C

6. 哈利为什么生气？

　　A. 上菜太慢了　　B. 服务员态度不好　C. 菜的味道不好　答案：A

汉语 拼音 总 表
hànyǔ pīnyīn zǒng biǎo

一、声母 Initials

b	p	m	f
d	t	n	l
g	k	h	
j	q	x	
zh	ch	sh	r
z	c	s	

二、韵母 Finals

a	o	e
ai	ou	ei
an	ong	en
ao		er
ang		eng
i	u	ü
ia	ua	üe
ie	uo	üan
iao	uai	ün
iou (−iu)	uei (−ui)	
ian	uan	
in	uen (−un)	
iang	uang	
ing	ueng	
iong		